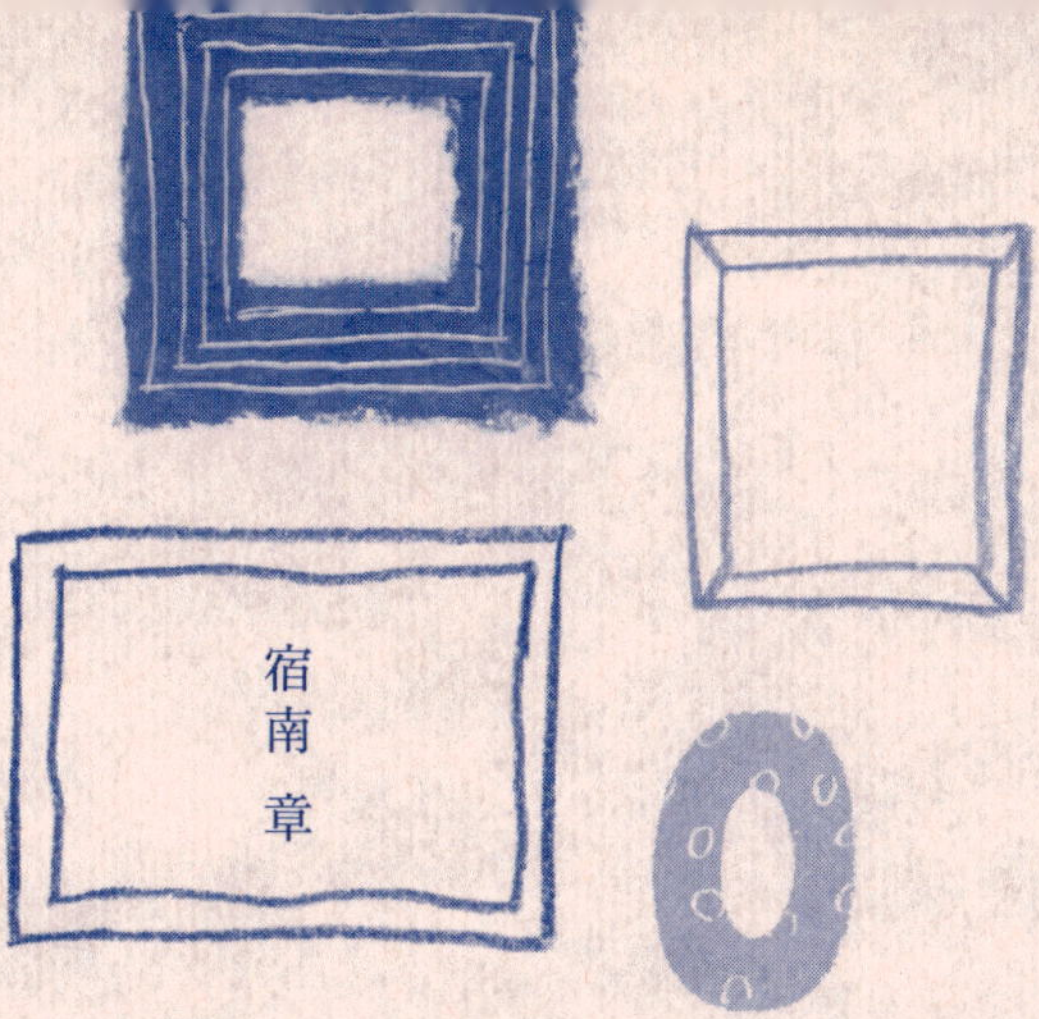

宿南章

ニャンと簡単に身につく!

心が休まる「アドラー心理学」

Adler&cat Psychology

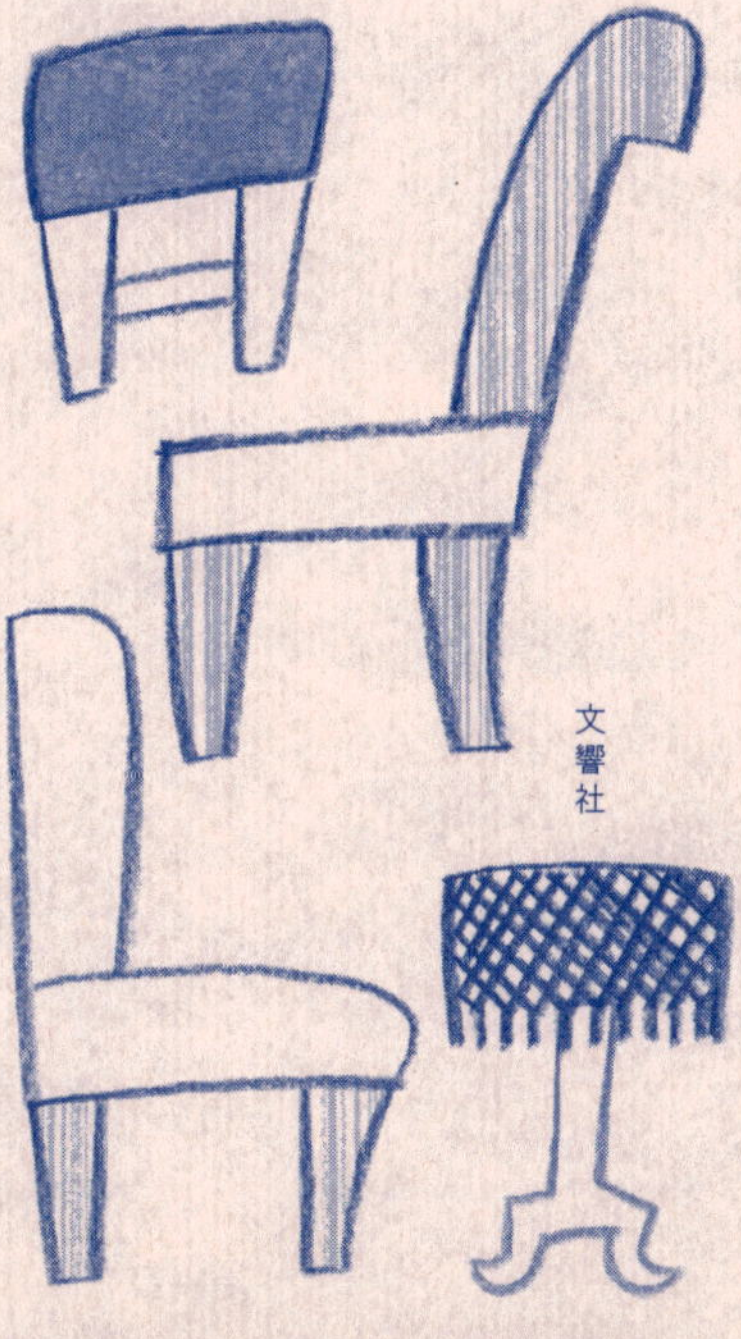

文響社

ニャンと簡単に身につく!

心が休まる「アドラー心理学」

アドラー心理学の本質を
ざっくり、
やさしくとらえると、

「ネコみたい」に考えたほうが、
人間関係も、自分の性格や悩みも、
仕事も、恋愛や結婚も、未来のことも、
今よりもっとうまくいくよ、
幸せになれるよ、
というメッセージです。

いつもがんばっている、
そこのあなた。

ちょっと肩の力を抜いて、
この本をめくってみてください。

「ネコみたい」な考え方を、
一緒に身につけていきましょう。

はじめに

ネコに学ぶほど、ヒトは幸せに生きられる

ここのところ、驚くほどにネコへの人気が高まっています。ネコに心を寄せる方々を見ると、単純に「ネコが好き」「ネコのほうが、イヌよりも都会でも飼いやすい」というだけではない理由が、何か私たちの中にあるように感じます。それは、

- ネコののんびりした姿を見ていると、心が休まる
- ネコのように生きられたらいいのに、という隠れた願望
- 実際にネコを飼うと、幸せを感じられることが多い

などです。

普段はのんびりマイペース。ひとりの時間を楽しむのがうまいけど、いつの間にかそばにいて、意外に寂しがり屋だったり、甘え上手だったり。そんなネコは、私たち日本人にとって、「自分も、そんなふうに振る舞えたらいいな」というあこがれの対象なのかもしれません。

あるいは、都会では組織や他人に囲い込まれ、田舎では古き伝統と慣習というある種の「不自由な束縛」の中で、ネコは私たちの心を、自然体に戻してくれるのかもしれません。

本書では、ネコとヒトのお話を同時に進めていく、新しい挑戦をしていきます。まずはか

わいいネコの姿にリラックス。そしてネコへの理解を深めるとともに、ヒト、とくに自分自身への理解を深め、肩の力を抜いて気楽に自分らしく生きていくことにつながればと願っています。

ネコに生き方のヒントを学ぶという意味で、本書は自己啓発ならぬ「ネコ啓発」ともいえる取り組みです。心理学の難しい言葉や視点をなるべく使わずに、ネコから癒やしをラクラクと学びながら、自分自身を成長させてしまおう、というものですから、なんとも欲張りな1冊かもしれません。

日頃、仕事に家庭に人間関係にとがんばっている皆さんに、少しでもラクになる考え方のヒントを得ていただければと思い、筆を執《と》らせていただいています。どうぞ、最後までお付き合いのほど、よろしくお願いいたします。

さて、このような新しい取り組みをする私自身が何者かについて、まずは簡単にお話ししておきましょう。

私は、職業名でいえば獣医にあたりますが、皆さんの街の獣医さんとは少し違ったアプローチをしています。専門は「栄養」で、とくに難治性の病気（多くは、ガンや腎臓の病気）を持つネコやイヌに、食事療養や栄養療法を行なってきました。現在は、安心して食べられるペットフードの開発のために、海外を拠点として研究をしています。

一方で、私はアドラー心理学についても、かなり前――日本で流行するよりずっと前から学び、その資格も持っています。日本にいた頃はこの心理学的なアプローチと栄養学的なアプローチを生かして、トップアスリートの栄養指導もしていました。オリンピックに出場するようなアスリートは「偏食」といわれるほど偏った食事をする方が多く、それは実はパフォーマンスを最大限に発揮するために必要なことです。そのような、通常とはちょっと違った栄養指導を、心のケアを含めて行なっていました。

このようにアスリートと、自然界でたくましく生きる動物に同時に関わってきたことで、アドラー心理学でいわれる、「ヒトがよりよく生きるための考え方」と、私が日頃見ている「ネコの生き方」には、数え切れないほどの共通点があることに気づきました。厳しい勝負の世界に生きるアスリートにはケガやスランプはつきもので、しかも繊細な方も多いのですが、そんな方へのアドバイスには、アドラー心理学やネコの生き方が参考になったものです。

本書でお伝えしていく「アドラー心理学とネコの生き方」という組み合わせの中には、分野に限らず、何か突き抜けた結果を残したいと思っている方にも、何かしら役立つ部分があるでしょう。

私たちの人生もそうラクなものではなく、毎日、厳しいものだと思います。ネコの身の振り方と、その中に見いだされるアルフレッド・アドラーをはじめとする近年の優れたカウンセリングの視点は、苦しいときにも自分を健全に保ってくれることでしょう。

いきなり考え方や自分の人生そのものを変えていくのは難しいかもしれません。しかし、アドラー心理学とネコの力を借りれば、肩肘《かたひじ》張らずにもっとラクに生きていけるのではないかと思っています。

また本書では、実際に２０００匹以上の動物と20匹以上のネコを飼い、また獣医師として数え切れないほどのネコと接する中でわかってきたネコの本質や本音、そして他の生き物とネコとの違いを、余すところなく紹介していきます。

ただ「ネコが好き」というだけでは見えてこない、ネコと他の生き物との違い（独自性）や優れた点（優位性）についても、触れていくことにしましょう。その部分を読んでいただくだけで、あなたとネコの仲はますますよくなり、相互理解が深められるはずです（なお、ネコについての情報をまず知りたいという方は、１８８ページからのインデックスを先にご参照ください）。

それではさっそく、「これ以上、苦労をし続けない」「少しラクに生きられる」「突き抜けた結果を出せる」ネコ的人生の学びの旅にでかけましょう。

あなた自身と、ネコを飼われている方はそのネコの、さらなる幸せを祈って。

宿南　章

「ニャドラー先生」からのご挨拶

こんにちは。

アドラー心理学のプロフェッショナルのネコとして、
本書でナビゲーターを務めさせていただく「ニャドラー」と申します。
本書では、今、不安だったりガマンをして悩んでいるヒトが、
ぼくたちネコの生き方を知ることで、
今より少しでもラクに、自由に生きることを目指します。
ラクで自由な生き方、それがニャドラーの、おすすめの生き方です。
ネコ科動物は、ヒトがこれほど繁栄する前の地球上では最強の種でした。
長年、地上最強だったネコ科動物から、
地上の覇者になりたてのヒトが学ぶところは多いように思います。

詳しくは本編でご紹介しますが、
心理学者のアルフレッド・アドラーや現代心理学、
現代カウンセリングの考え方は、ぼくたちネコの生き方ととてもよく似ています。
きっと、この本を読み終えられた頃には、
能力や経済力だけではなく心の持ち方という点で、
今より少し余裕が生まれ、
まさに「地上の覇者」の風格をそなえていることでしょう。

ヒトは今、地上最強であり、最も繁栄した種であることは間違いありません。
ならば今よりも、一人一人がもうすこ～し、
心に余裕のある生き方をしても、
いいはずです（なんたって一人一人が地上最強の生物なのですから）。
さあ、ネコの考え方を人生に取り入れる旅に、しゅっぱーつ!!

もくじ

Contents

2

「どうなったら、今よりもっと楽しいか」を考えよう

3

「急かされ、がんばりすぎる毎日」から、自由になる

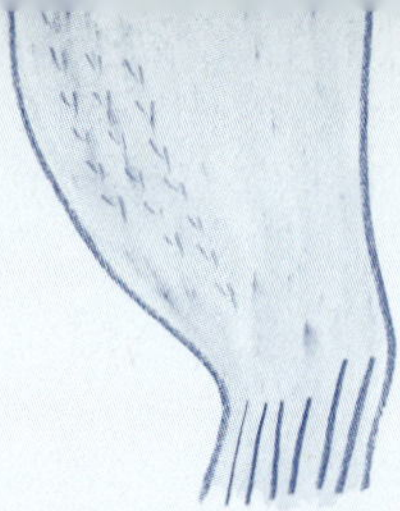

4

「未来への不安」に立ち向かう

1

毎日を「心地よく」過ごすコツ

Adler&cat
Psychology

ごきげんに過ごす

ネコは「ひとり」を楽しむ

他人から嫌われないか不安で、
気をつかいすぎたり、
相手に合わせすぎて無理をしたり。
もう少しラクに過ごしたいのですが。

悩みの80％は人間関係ともいわれます。
だから、人間関係で悩むのはごくごく自然。
みんなも悩んでいることをまず知っておくといいニャ。
そのうえで、自由でのんびりマイペース、
なのに、愛されるネコの生き方をマネしてみるニャ！

ニャドラー先生からのコメント

もしあなたがネコだったら、ひとりで何をしますか？日向ぼっこ？お昼寝？ゆっくりお散歩？ご近所ネコにご挨拶？

「ひとりの時間」をもう少し増やせるとしたら何をするか、ゴロゴロしながら考えてみてください。そうすると、少し気分がよくなってきませんか？

ひとりを楽しめる人だけが、
大勢も楽しめる。

街を歩いていると、暗い顔をしているヒトが多いことに驚かされます。

ひとりで歩いているときに笑顔である必要はありませんが、多くの方が「ふきげん」「疲れた」「憂鬱《ゆううつ》」をそのまま表情にしたような顔をしているように見えるのです。

こういう方こそ、ネコに学ぶチャンス！　でも、なぜ私たち人間は、そもそもネコに学ぶと幸せになれるのでしょうか？　そこには、次のような理由があると私は考えています。

私は、ネコ科動物とヒトは、真逆の生存戦略によって生き残ってきたと考えています。ヒトは、火や道具を使い、協力して働いて社会をつくることで種の繁栄を築いてきました。高い学習能力もまたヒトの特徴です。今やヒトは、〝地上の覇者〟といっても過言ではないと思います。

一方、ネコ科動物は個体ごとの高い能力に磨きをかけることで繁栄してきた種です。ネコ科動物は、ヒトが地上の覇者になる前の３０００万年もの間、この地球上の王者といえる存在でした。ライオンなどの一部を除いては群れをつくることもなく、個々の狩りの能力に頼って繁栄してきました。

その能力は私たちヒトも恐れる驚異的なもので、ほんの数十年前まで、１匹のネコ科動物によってヒトの村が消滅したという悲しいニュースや、人里に下りてきたヒョウを捕獲するために軍隊が出動した話など、数え切れないほどの逸話を耳にしました。

２０００年代に入ってからも、ネパールでは10人を超える子どもがヒョウに襲《おそ》われて命を落としています。それだけ、ネコ科動物はヒトの脅威であり、高い能力を持っている、といえるのです（今やヒトがネコ科動物を殺すことのほうが、はるかに多いのですが……）。


今、私たちが抱える悩みの多くが、周囲の人たちとの関係によって生じています。ヒトは、集団をつくっていかなければ種として生存することはできませんが、その集団がより大きく、複雑になったことで、悩みはますます増え、一つ一つの悩みが深刻になってしまっています。

そのような状態だからこそ、学習能力の高いヒトは、今こそネコ科動物の生き方、長所を学び習得することで、今の暮らしをよりよくしていくことができるのではないかと思うのです。

この本をおすすめしたいのは以下のような方です。

- 日頃、人間関係でストレスを感じることが多い方
- イヤなことでもノーと言えず、ガマンしてしまう方
- 自分が正しいと感じる生き方に、勇気を持って一歩を踏み出せない方
- もっと満足できる、幸せを感じられる生き方を選びたい方

くり返しになりますが、ヒトは今、地球上の支配者として、最も大きな力を持っています。にもかかわらず、多くの方が、常に何かを恐れていたり、神経をすり減らしていたり、自由に生きることを選べないような状況に置かれています。

ヒトの地球における立場と、自分の日々の置かれた立場のギャップを少しでも感じられる方にこそ、本書をお役立ていただければ幸いです。

ひとりの時間も大切に。

ネコの気持ちがわかる「しっぽメーター」

本書では、ヒトの考え方だけでなく、なるべくたくさんの「ネコの情報」をお伝えしていきます。まず最初は、ネコの気持ちや感情、思考を知る方法です。

ネコは自分の感情や気持ちを隠すのがうまいもの。ネコのごきげんナナメのときに近づいて、素っ気なくされたことがある方も多いのでは？

そんなネコでも、実は感情がちょっと表に出てしまうところがあるのです。それは表情や鳴き声ではありません。どこだと思いますか？

それは、しっぽです。ネコの機嫌はしっぽで判断するのが便利なので、私は「しっぽメーター」と呼んでいます。ネコのしっぽはまさにメーターのように、ごきげんと連動しているのです。

まず、上機嫌な場合。そのときはしっぽがピンと立っています。

ピンと立てたしっぽを、ヒトのほうにやや傾けながら歩いて近づいてくるときは、親しさや甘えの気持ちを持っています。そんなときにネコと一緒に過ごすようにすると、いつもより親密にふれあうことができるでしょう。

しっぽメーターは、下がるにつれてごきげん度も低下していきます。無造作にぶらんと垂らしているときは平常モード。遊ぼうよという誘いを知らんぷりされてしまうのは、こんなときかもしれません。

下がるどころか、しっぽを後ろ足の間に巻き込んでいたら、そのネコは、かなりナーバス。「しっぽを巻いて逃げる」という表現が示すとおり、怖くて、逃げたいという気持ちです。こんなときには間違っても、ずんずんと近づいていってはいけません。

また、寝転んだり座ったりしているときに、しっぽをパタンパタンと打ちつけているのは、イライラのサインです。普段は仲のいいネコでも、そっとしておいてあげましょう（もしそれが、子ネコのいるネコの場合には、子ネコの狩りのトレーニングかもしれません。パタンパタンと動かしたしっぽにじゃれつかせることで、子ネコの反射神経や狩りの能力を鍛えています）。

しっぽが膨らんでいたら、それは闘いのサイン。体を大きく見せるためにしっぽを膨らませているのです。しかしこのしっぽの膨らんだ状態は、多くの場合、闘争心の裏に恐怖心も隠れています。攻撃性と恐怖というのは、表裏一体のものです。相手に対する恐れを抱かずに攻撃する個体はケガを負い、自然界で生き残ることが難しくなるからです。ですから、しっぽを膨らませていても心の中は、「やんなきゃいけないのかな」「むっちゃ怖いんだけど」という気持ちが隠れているということもわかってあげてください。

このように「しっぽメーター」で、ネコの気持ちをある程度、観察することができます。意図を隠すのが得意なネコだからこそ、こちらも小さな変化を見逃さないようにしましょう。

ネコにとってしっぽは、「口ほどにものをいう」ものなのです。

自己理解と勇気づけ

ネコはマイペース？

本当の自分を、
だれもわかってくれません。

自分で自分をわかっていれば、
それで十分なんじゃニャい？

ニャドラー先生からのコメント

自分のことをいちばんわかってあげられるのは「自分」。アドラーは、自分を元気にできる口グセを持つようにといっています。これを**「自己勇気づけ」**といいます。ネコだってちょっと不安なときには「できる、できる」って自分にいい聞かせてがんばっているのです（たぶん）。

どうしたの？

大丈夫。
できる。できる。

「わかってもらえない」と悩んでいるのは、あなたの家のネコも同じかもしれません。真面目な飼い主さんほど、「ネコの飼い方」の本を読んだり、獣医さんの言うことをそのまま守ったりすることで、大切なネコちゃんにかえって苦しい思いをさせていることがあるのです。

ネコというのは、一匹一匹の違いがとても大きい動物です。遺伝的に多様で、それぞれ「まるで違う」ため、「ネコの飼い方」はなかなかマニュアル化できません。

ネコと接した経験が増えれば増えるほど、「ネコはこうすればよい」というアドバイスはできないことを、身をもって学ぶことになるはずです。

たとえばネコの飼い方の本を見ると、

- ネコは1匹で過ごすのが苦にならない
- エビやイカなどは与えてはいけない

などと書かれていたりします。地域の獣医さんに質問してみると、同じような答えが返ってくるかもしれません。

たしかにこれは、多くのネコに共通する（と思われる）特徴です。しかし、その特徴が、あなたの家のネコにも当てはまるかどうかは、別問題。

さらに、ネコは身体的特徴を見ても、それぞれが個性的です。

突然ですが、ネコの足に、指が何本あるか知っていますか？

基本的には前足に5本と後足に4本です。しかし、一匹一匹ネコを捕まえてチェックしていくと、指が4本でも5本でもない子に当たり前のように出会います。6本、ときには7本の子も珍しくないのです。ネコにおいてはそれが普通です。

このように、個体ごとの差が激しいのがネコの特徴ですから、飼い主さんは、「あなたの飼っているネコをよく見て、よく知ってあげること」を心がけてください。そしてネコが、獣医さんが教えてくれたことや本に書かれていることとは違う行動をし始めても、危険でない限りは、その子のしていることや好みを尊重してあげてほしいと思います。

だれよりもその子のことをわかってあげられるのは飼い主です。常に「この子の場合はどうなのか」という目線で、ネコのことを観察してください。獣医の私がいうのもなんですが、ネコのことは獣医さんに聞いてはいけません（笑）。いつも一緒にいる飼い主のほうが、あなたのネコについてずっと詳しいはずだからです。

ちなみに、この「ネコ・ルール」は、イヌには通用しません。イヌはあまり例外のない動物なので、飼い方の本や獣医さんの話をよく守りましょう。

AMÉLIE
KINFOLK
HARRY POTTER
and the Philosopher's Stone
J.K.ROWLING

ここまで、「ネコは一匹一匹違うから、それぞれの個性を尊重して」と書いてきましたが、実はこれは、当たり前に、私たちヒトにもいえることですよね。コミュニケーションの本を読んで、そこに書いてある質問を他人にしてみても、その本とは違う、予想外の反応をされたりします。

子育てだって、どんなに本を読んで、専門家の話を聞いても、自分の子どもには全然当てはまらない、なんてことも珍しくないはずです。そんなときには、相手の反応を見て、臨機応変に対応するしかないわけです（ネコはこの「予想外の反応」の幅がとても大きいので、やっぱりびっくりしてしまいますが）。

一緒に住んでいたとしても、ネコもヒトも、本当の意味で理解するのは難しいものです。それは、ネコもヒトも個性的で魅力にあふれているからです。そう考えれば、「わかってもらえない」というヒトの悩みは、実はとっても贅沢《ぜいたく》なものといえますね。

理解されないと悩む前に、あなたのネコちゃんを、そして周りのヒトを理解しようとすることから始めてみませんか。それは、それぞれの違い――個性や魅力を認めることでもあるのです。

ネコはそれぞれ「ホーム」を持っている

「地域ネコ」という言葉を聞いたことがありますか？　これは、特定の飼い主のもとに定住せず、いろいろな家に顔を出しているネコのこと。「地域」という言葉のとおり、ネコは住み着いた地域で、何年どころか、何世代も暮らします。

このようにお話しすると、多くの方は、

「それがそのネコちゃんの縄張りってことですね？」

という解釈をします。しかし、私たちが考える「縄張り」とネコの「ナワバリ」はイメージが違うことがほとんどなので、ネコのことを正しく理解するにはその言葉はあまり使わないほうがよいと感じています。

私たちが通常「縄張り」というとき、たいてい「広げたり」「奪ったり」といったイメージがついてきます。

「ここはわしらの縄張りじゃ！」

と、侵略してくる他者を追い出すような、ネガティブなイメージです。

しかしネコのナワバリはまったく別です。そこでここでは、ネコのナワバリを、仮に「ホーム」という言葉を使ってお話しすることにしましょう。

ネコが守っている「ホーム」は、「自分たちが生きるための必要最低限の場所」です。ですから、むやみやたらと広げようとすることもありませんし、他のネコの場所を積極的に奪うこともしません。私たちの「マイホーム」に近い感覚です。

その場所でエサを確保し、幸せに生きていくために最低限必要としている自分の愛着ある場所、それがネコの「ホーム」なのです。

ちなみにネコは母系社会で、ホームは代々、母ネコから娘ネコへと受け継がれることが多いです。ネコは一度に複数のオスの子どもを産みますから、家族は母親の遺伝子でつながっているのです（116ページ参照）。オスはメスの「ホーム」にその都度《つど》やってくるわけです。通い婚が主流だった『源氏物語』の価値観に近いかもしれませんね。

恋の季節になると、オスは数匹のメスの「ホーム」を積極的に移動しているようです。メスネコの小さな「ホーム」を、オスネコが放浪しているようなイメージです。

室内で飼われているネコは家を「居心地のいい場所」として、地域で飼われているネコは地域を「居心地のいい場所」として、それぞれ暮らしているのです。


なお、ネコはそれぞれホームを持つだけでなく、地域のネコたちが一堂に集まれる共有地も持っています。そこで定期的にくり広げられているのが、「ネコの集会」です。

何をするわけでもなく集まって座っているだけなのですが、集会はうっすらとした共同体です。その集会では、お互いに傷つけない、コントロールしすぎない、尊重し合う、外部からの危険には連帯して自分たちを守るという重要な確認が行なわれていると思われます。

人付き合いのコツ

ネコは「嫌い」を隠さない

人付き合いが苦手です。
みんなとうまくやっていく方法はありますか？

自分も相手も
傷つかなければOKニャ。
うまくやろうなんて考える必要ナシ！

ニャドラー先生からのコメント

「他人を傷つけず、自分を害さない」。これさえ守っていれば人間関係は問題ナシ。ネコの社交術は、周りの反応ばかり気にしている方、自分に厳しい方への特効薬です。

「友達100人」なんて
いなくても、十分幸せ。

最近は、社交的なヒトのほうが重宝される傾向にあります。
たとえば、友達は少ないより多いほうがいいとか、人脈は広く持っておくことが大事とか、そういうふうに考えてしまうことはありませんか？　そうやって社交的にしている状態が、自分にとって心地よいのならばいいのですが、もしそれで、ちょっと疲れを感じてしまっているとしたら……。

アドラー心理学の影響を受けたといわれている、交流分析のカウンセリング学派では、

- 周囲に合わせすぎず、「自由な自分」を許すこと
- 自分自身への批判、自己叱咤《しった》をゆるめ、自分を褒めてあげること

の2つをとても大切にします。社交的であることに疲れてしまっているなら、今こそこの2つを思い出し、状態を見直すべきかもしれません。

それでは、ネコ流の社交の仕方を、ちょっと見てみましょう。
家の近所を歩いていたら、先週も会ったネコに、また会った。先週は近づいてきてくれて、撫《な》でてあげたのに、今週は知らんぷり。ひょっとして、忘れちゃった？　なんて思うことがあるかもしれません。

でもネコは、記憶力のいい動物です。ですから多くの場合、たった一度会っただけでも、1週間程度はラクラク覚えているものです。実際、ネコの記憶力はすさまじく、私の知り合いで、生まれて数カ月のトラネコを2カ月間だけ預かって、その後ずっと会っていなかった、というヒトがいるのですが、14年後に再会したときも覚えていて、変わらず懐《なつ》いてきてくれたそうです。ネコにおいては、こういうことも珍しくはないのです。

ネコにとっての14年は、人間に換算すると何十年ぶりの再会にも等しい長さです（40ページ参照）。一度「大切なヒト」と認められたら、どんなに時間がたっても忘れてしまうことはないのですね。

ところで、なぜそのトラネコが14年前の飼い主を覚えていたとわかったか、というお話ですが、そのトラネコはなかなかヒトに懐かず、膝の上に乗るなんてことは全然しないそうです。それなのに、14年ぶりに再会した元飼い主の膝にはためらいもなく乗ってきたのだとか（今の飼い主にとっては、残念に思えてしまうかもしれませんね）。

好きとか嫌いとか、懐くとか懐かないとかいうのは、もともとそういうものです。私たちはともすると、親の期待だったり、パートナーの期待だったりと、他人の期待に沿うようにがんばってしまうところがあります。本当は好きじゃないのに好きなフリをしたり、本当は欲

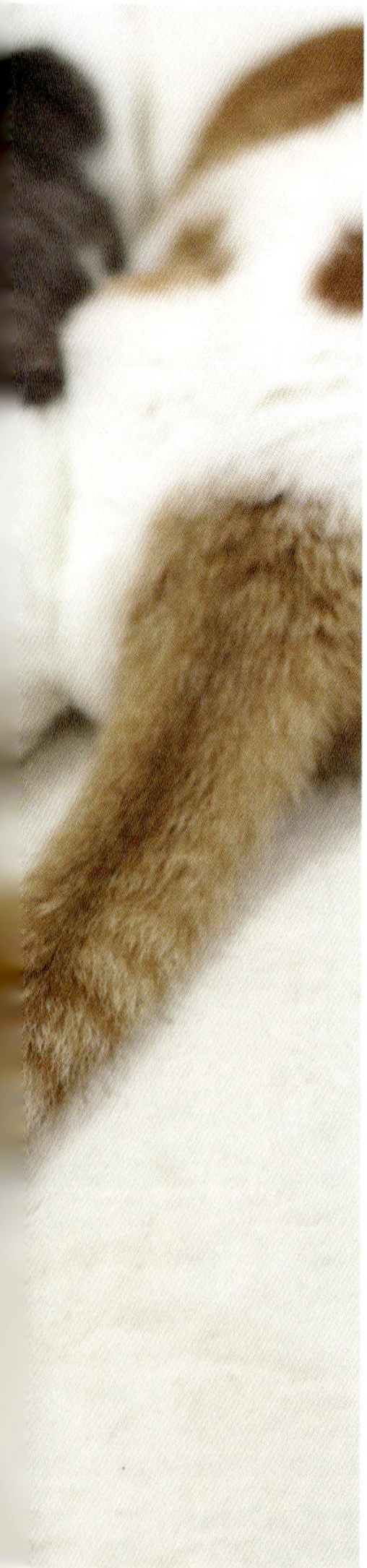

しくないのに喜んで見せたり……。そうしすぎるから、なんだかつらくなってしまうのです。

ヒトの期待に沿うだけの人生では、自分の幸せや満足にはつながりにくくなってしまいます。

他人ばかりを重視してしまう人生は、心理学では**「共依存」**というやや不健全な関係と考えられています。それがお酒に向けば「アルコール依存」、薬物に向けば「薬物中毒」など。これらはとても不健全ですし、簡単にストレスのもとになってしまいそうです。

そんなときに自分を取り戻す方法が、アドラーが**「自己勇気づけ」**と呼んでいる、自分の内面からやりたいことを引き出しサポートする技法です。

他人ばかりを尊重しすぎてつらくなってしまったときには、ネコになった気持ちで「本当は、自分はどうしたいのか」を静かに考えてみてください。

ただし、自分のやりたいことのためなら、他人に迷惑をかけたりワガママを通してもいい、ということではありません。

ヒトはもともと、集合体をつくって生活しているのですから、その**「共同体感覚」**――自他ともに幸福や満足が得られる状態――を忘れずに。

この辺りについて詳しく知りたい方は心理学の専門書を当たっていただくことをおすすめしますが、わかりやすくいえば、他人を傷つけず、自分を害さなければ何をやってもOKということです。

あなたのネコは「本当は」何歳？（年齢の数え方）

ネコの歳の取り方は、人間とはまったく違います。

まずネコは生まれて1年くらいで大人になります。人間の年齢に当てはめると、生後1年で18歳くらいになるイメージです。その後は年4・7歳くらいずつ歳を取っていくというように考えるといいでしょう。

ですから、5年生きているネコの年齢を人間に換算すると、❶となります。

2年目以降の歳の換算法はおおざっぱですが「人間の平均寿命÷ネコの平均寿命」をもとにしています。日本人の平均寿命である84歳と、家ネコの平均寿命である15歳を使って、❷となるわけです（それぞれの数字から18と1を引くのは、1年目を別に計算しているためです）。

だいたいこの計算でネコの年齢は数えられますが、成長と老化のスピードは個体ごとにそれぞれ少しずつ異なりますし、外ネコか家ネコかで平均寿命もずいぶん異なります。また、外国の指標では人間の平均寿命が75歳前後のものが基礎となっているため、日本人の年齢感覚ともだいぶ違います。

あまり神経質にならずに、ザックリと年齢換算をするといいでしょう。

❶

18（最初の1年目）＋4年×4.7≒37歳

❷

(84−18)÷(15−1)≒4.7

ネコの年齢をヒトに換算すると…

1 歳	18歳
2 歳	18+4.7＝**22.7**歳
3 歳	18+9.4＝**27.4**歳
4 歳	18＋14.1＝**32.1**歳
5 歳	18＋18.8＝**36.8**歳
6 歳	18＋23.5＝**41.5**歳
7 歳	18＋28.2＝**46.2**歳
8 歳	18＋32.9＝**50.9**歳
9 歳	18＋37.6＝**55.6**歳
10歳	18＋42.3＝**60.3**歳
15歳	18＋65.8＝**83.8**歳
20歳	18＋89.3＝**107.3**歳
25歳	18＋112.8＝**130.8**歳

「空気を読まない」勇気

ネコは期待をあえて裏切る

相手の気持ちを考えて、
空気を読んでいると、
ひどく疲れてしまいます。

人間はネコと違って、
相手の思考を読み取れなくて
当たり前の生き物なのニャ

ニャドラー先生からのコメント

ヒトは「言葉にしなきゃわからないこと」が、他の動物たちよりも圧倒的に多い生き物です。そこが「相手の思考を読める」ネコとの大きな違いです。だから、「私の気持ちをわかって」「無言の期待に応えて」は、そもそもヒトには無理！ 他人の顔色をうかがってばかりいないで、自分はどうしたいかを考えましょう。

自分の気持ちを
満たすのは、
他人ではなく自分！

よく、「相手の立場に立って、気持ちをよく考えよう」などといわれます。

とくに、何か人間関係のトラブルがあったりすると、このようなことがいわれたりしますね。また、多くの方は「空気が読めない言動をしてしまうこと」を恐れているように思います。

ここで求められている「相手の気持ちを汲《く》み取る力」や、「空気を読む力」は、人間が進化の過程で生き残るために発達させてきたものです。しかし、その能力はまだ発達途上で完璧なものではありません。そのため、それが悩みの原因になってしまっているのです。

コミュニケーションの悩みが、実はホモ・サピエンスゆえのものだとすれば、なぜヒトがこれだけ、対人関係の悩みを抱え、そして解消しようとして努力しているのか、納得できるかもしれませんね。「もともとわかり合えないのがヒト」だから、それを克服しようとしているわけです。種としての苦手分野、そして努力目標なのに、それを完璧にこなせない自分はダメだと思ってしまえば、アリジゴクのワナに自ら飛び込むようなものです。

さて、この悩みが本当にホモ・サピエンスゆえのものなのかどうか、ちょっと他の動物たちを見てみましょう。


まずはオオカミをはじめとするイヌ科の動物たち。彼らは群れで暮らし、チームで狩りをします。狩りの最中には、動き方などをいちいち相談していられませんから、イヌ科動物は仲間同士の気持ちを読み合い、空気を読んでいるように見えます。実際のところ、チームプレーがうまくできない個体は群れを離れるしかありませんから、チームプレーがうまい者だけが子孫を残していくわけです。

次に、ネコ科の動物。彼らはライオンを除いて、基本的には単独で暮らし、狩りをします。単独なら自分の獲物を独占でき、得られるものが大きいからです。しかし、チームプレーのほうが狩りの成功率は高そうですよね。実際、イヌ科の動物が単独で狩りをしようとしても、ほぼ間違いなく、エサをとれずに飢え死にすることになるでしょう。

なぜ、ネコ科の動物は単独で狩りをするのでしょうか？

コミュニケーションが苦手だから？

いいえ、そういうわけではありません。

それは、ネコ科の動物は「自分の思考や行動を相手に悟らせない」ことが可能であり、強みだからです。ネコ科動物の狩りの場面を見ていると、私たちがイメージする、「狙って獲物を狩る」という以外に、狩りの手法があることに気づきます。狩りをする寸前まで、まるで獲物に気づいていないような、あるいはまったく興味がないような振る舞いをして、その

ネコは何でも
お見通し。

後、急に飛びかかる、という手法です。

素知らぬフリをしていても、実は獲物に気づいており、頭の中でいろいろな計算をしています。草食動物がどのように行動するか、危機感を与えたらどのように動くか、その際どちらへどのように逃げるか、そして捕獲できる確率はどうか。

このように、獲物の先を読んで行動する一方で、自分の意図を相手に読まれないようにすることで、ネコ科の動物は捕食者として頂点に立てたわけです。

このように、「相手の気持ちを読み取りながら、自分の考えは悟らせない」というのは、ネコ科動物の最大の特徴といえるでしょう。基本的に眼球も動かさないため、どこを見ているのかすら、周囲からはわかりません。

同様に、ネコは人間の言ったことはほとんどわかっているように思いますが、そんな気配は微塵《みじん》も感じさせず、マイペース、マイルール（笑）。相手の気持ちに気づいても、気づかなかったフリをしてあえて無視、というのも、ネコは日常茶飯事です。飼っているネコを呼んで探し回っても、全然出会えないときがある、というのはよく聞きますが、実は、こういう事情があったのです。

相手の思考は読みつつも、自分の思考はしっかり隠す。それこそが、ネコ科動物の本能的な強さであり、生き延びる能力なのです。

さて、ヒトの話に戻しましょう。私たち人間は、基本的に相手の思考を読み取れません。それで代わりに発達させてきた表情や言語によるコミュニケーションも、まだ、互いにわかり合うには不十分です。「言葉」ももう、使い始めて数万年になりますが、多くの情報を伝えられる一方で、「正しく伝える」ことがどれだけ難しいか、皆さんもきっと知っているはずです。とくに形容詞や副詞は、人によってかなり解釈が違いますね。「すぐに」仕事を済ませてと言っても、その仕上がりのタイミングはヒトによってまちまちです（苦笑）。

それはある意味、「他の動物たちよりも、丁寧に説明して言葉を吟味《ぎんみ》しなきゃ、わからないことが圧倒的に多い」ということだといえます。それが人間の特徴だ、と考えれば、相手の気持ちが多少わからなくても、空気を読めなくても、仕方がない、というものです。

相手の気持ちがわからなくても気にしない。その代わり、

「言葉や表情にならない、この私の気持ちをわかって！」

と相手にも望まない。それが、ヒト流のコミュニケーションをうまくやるコツではないかと思うのです。

自己中とガマンのバランス

🐾やっぱりネコは自由

協力して物事に当たりたいのに、
みんな自分の都合ばっかりで
イライラが募ります。

ちゃんとゴールにさえ
たどり着ければ、
どんなルートでもいいんじゃニャい？

ニャドラー先生からのコメント

集団や会社のルール、空気を何でも受け入れるのではなくて、自分の考え方や感覚も大事にしよう。いろいろなタイプの人がいることで、うまくいくことも多いものです。

多様性こそ、実は強さ。

「やり方が決められていることなのに、自己流を貫く人がいて、イライラする」
「周囲の人の、自分さえよければいい、というような態度が目に余る」
このような悩みを持っている方はいませんか？　会社のルール、世の中のマナーは、私たち人間がお互いを尊重し合ったり、物事をスムーズに進めていくためには不可欠です。

でも、動物と関わる立場としては、実はルールによって統制されすぎてしまうことはむしろ、恐れるべき事態だと思います。そう、いきすぎたルールやマナーは、その種に絶滅の危機をもたらすほどの威力があるのです。

突然ですが、ある生き物が、その種を次の世代につなげていき、存続するためにいちばん大切なことは、何だと思いますか？

それは、「遺伝的多様性」。同一の種の中でも、いろいろな性質を持った個体がいることが、環境の変化をはじめとする様々なリスクへの備えとなります。この多様性は、一度減ってしまうと元に戻すことはできず、一度の減少によって種がそのまま滅びてしまうことにもつながりかねないほど重要なものです。

オーストラリアのタスマニア島に、タスマニアデビルという世界最大の肉食性有袋類《ゆうたいるい》がい

ます。見た目は小さな黒いクマのような動物です。このタスマニアデビルは、人間の乱獲（家畜を襲うという誤解から駆除されました）によって、その個体数を一度、大きく減らしました。その後、誤解が解けて始められた保護活動によって、個体数が一時的に増えたのですが、実は、種全体が感染性のガンにおかされ、絶滅の危機にあります。

このガンにタスマニアデビルが無力なのには理由があります。個体数――つまり遺伝的な多様性――が極端に減ってしまった際、このガンに対抗できる遺伝子を持ったタスマニアデビルは死に絶えてしまったのです。その後、個体数は戻せても、失われた遺伝子は戻りません。すでにこのガンは大流行しており、タスマニアデビルは50年後には絶滅してしまうだろうと推算されています。

アメリカのバッファローや中国のパンダなども、置かれた状況は同じです。一度1000個体ほどに数が減ってしまうと、遺伝的な多様性は失われてしまいます。その後、保護活動に力を入れたとして、たとえ絶滅危機に陥る前の個体数に戻ったとしても、絶滅のリスクは100倍以上にも跳ね上がっているのです。

実は人間も、同様の絶滅リスクを抱えています。私たちは7万年ほど前に一度、その個体数を2000～1万程度へと大きく減らしました。つまり人間の遺伝的多様性は、見た目（た

とえば肌の色や体格などの違い）ほどには大きくないといえるのです。新型インフルエンザやエボラ出血熱などのパンデミック（世界的流行）が恐れられるのは、遺伝的に、人類が皆、似通っているからなのです。

この「多様性」、遺伝的な側面だけでなく、社会生活の中でも重要です。会社や組織などが存続、発展していくためには、欠かせない要素といえるでしょう。これは極端な例ですが、仕事人間で休日出勤も残業も大好きな社長の会社があったとします。もし社員も皆、同じように仕事人間で四六時中、働きづめだったとしたらどうでしょう。

一時的には業績は伸びるかもしれませんが、世の中の変化やトレンドからいつの間にか取り残されてしまうことになるでしょう。全員が同じテンションで同じ方向に全力疾走している組織は危険です。あるいは、新種の、睡眠不足と組み合わさって猛威を振るうウイルスなどが局地的にはびこれば、その会社の社員全員が病に倒れ、会社が立ちゆかなくなりますね。

業務内容においてもそれは同じです。やり方が1つに定められ、皆がそのとおりにやるのは効率という面ではとてもいいと思います。しかし、いったん他のやり方をすべてなくして、たった1つに統合してしまったら、もともとの多様な状態に戻ることはないのです。

画一的であったり、ルールを徹底してそれを守らせることにも、いい面はたしかにあります。しかし、それに合わないヒト、ルールに従わないヒトもまた、ある程度の規模の組織がさらに豊かに発展していくためには必要なのです。

とはいえ、仕事をするうえでどうしても守ってもらわなければ困る、というルールの場合は、なぜその方法に従わないのか、確認してみることをおすすめします。責めるのではなく意見を聞くというスタンスで臨《のぞ》めば、その社員が気にしているポイント、あなたが見落としていた何かが、見つかるかもしれません。

ルールと多様性のあいだで板挟《いたばさ》みになってしまったときには、自分が60歳になったときに何を成し遂げていたいのか、この会社や組織が20年後に社会に対してどんな貢献ができるか、と考えてみるところから、今のルールが理に適っているのかと考えてみれば、新しい可能性が開けてくるでしょう。

Nekochishiki 4

ネコ的働き方のすすめ

前述のように、私はペットフードの開発のために、拠点を海外に移しました。生活の拠点を移してみて感じたのは、こちらの仕事の仕方は、32ページで紹介したネコの「ホーム——集会」のあり方によく似ている、ということです。

日本人からすると、「欧米の会社はセクショナリズムで横や会社全体のつながりがない」と見えるかもしれませんが、それは大きな誤解です。

欧米スタイルの会社では、各自の仕事は責任と成果が非常に明確です(＝ホームの考え方)。反面、彼らは週末などには頻繁《ひんぱん》に皆で集まって、パーティーやバーベキュー、食事会などを行ないます。課や部の垣根を超え、経理担当者も営業担当者も製造担当者も集まって、楽しく情報交換をしています。会社という枠を超えた集まりも多いですね。責任と成果を持った個が、ゆるやかに共同体を築いているのです(＝集会の考え方)。

この集まりを見ていると、日本の会社が大事にしているのはあくまで自分のチームや部・課であり、会社全体を把握することが難しい、という実態が浮き彫りになってきます。日本ではその対策としてジョブローテーションといわれる、数年おきに部署を異動する取り組みをしていますが、それでも会社全体を理解するのに20年程度はかかるでしょう。

部・課や会社を超えて月に何度もパーティーや食事会が行なわれ、情報交換をしている欧米とは、共有スピードが変わってきます。

さらに、自分の仕事を一本貫きながら、全体の情報を仕入れられるしくみと比べると、スペシャリストとしてのキャリア形成という面でも、日本は遅れをとっているといえるでしょう。

日本では今、「生産性」が大きな課題となっています。実際、日本人のホワイトカラーの生産性はOECD加盟国の平均を下回り、先進7カ国の中では最低です。できる社員ができない社員の尻拭《しりぬぐ》いをするのは日常的ですし、自分が集中して仕事を効率的にこなしても、上司や他のスタッフよりはるかに早く帰れば白い目で見られたり、「暇だったら手伝え」と言われたり……。それでどんなにがんばっても給料はそれほど変わらない、というのは多くの人が経験していることかもしれません。

多くの欧米の人たちは、日本人より給料がよく、長時間働くこともなく、長期休暇を毎年得ながら、高い生産性のもと働いている。その本当の理由を考える時期に来ているように思うのです。

ネコ的ヨコ型社会　　イヌ的タテ型社会

親切とお節介

「遠くで見守る」もリッパな愛

困っているヒトを見つけても
勇気がなくて声をかけられません。

遠くからこっそり見守る式の
ネコの愛だって、
リッパなコミュニケーションにゃ

ニャドラー先生からのコメント

感情や思ったことを表現することが苦手な方は、多いですよね。とくに日本人は、その傾向が強いようです。
あなたを心配し、あなたの幸せを願ってくれているヒトは、どこかに必ずいます。そういうヒトの存在に気づけるようになれるといいですね。

親切だって、
押しつけられれば
お節介。

世の中ではツンデレ女子の人気は相変わらず高いようですが、そういった意味ではネコは究極のツンデレかもしれません。ネコたちはその本能のために、飼い主に対して持っている強い愛情を隠すような行動をしてしまうからです。ネコは、愛情表現が苦手な動物なのです。

ネコを飼っている人でも、自身の飼いネコがあなたに寄せている愛情に十分気づいているヒトは、2割くらいではないかと思います。

私がネコの愛情の深さを実感した出来事をお話しさせてください。

私の息子がまだ1歳くらいの頃のことです。妻の実家に「マオ」というネコがいたのですが（22年間生きました）、私の息子が玄関先に遊びに出ると必ず、一緒に外に出て行くのです。でも、マオは一緒に遊ぶわけでもなく、塀《へい》の上に登って息子をじっと眺めているだけ。そして息子の気が済むと、一緒に家に戻ってくる。息子が事故に遭わないか、だれかに襲われることがないか、とずっと見張っていたのです。マオにとってうちの息子は、守ってあげないと危なくて仕方がない存在だったのですね。よほど心配だったのか、息子への見守りは高校生まで続きました（笑）。愛情の深さがしみいりますね。

そういえば、私が小学生の頃には、夜にひとりで家を抜け出し釣りに行くと、飼いネコのタマが必ずついてきたものです。今にして思えば、私を危険から守ろうとしてくれていたのかもしれません。

愛情の反対は無関心、とよくいわれます。たとえば駅の階段で、見知らぬお母さんがベビーカーを重そうに持ち上げている場面に遭遇したとします。

「お手伝いしましょうか」

と声をかけてお手伝いができればいいですが、タイミングが悪いこともあるでしょう。そんなときは、そっと見守り、無事を祈る。本当にピンチそうだったら、手をさしのべる。そんなネコ的な愛情が増えていったらいいな、私自身は、そういうふうにヒトと接していきたいな、と思うのです。

「素敵な出会い」のつくり方

ネコとの絆

ヒトを見る目がなく、
損をさせられたり、
だまされたりしてしまいます。

信頼できるヒトの
「つながり」ならば信頼できる。
あなたが信頼できる人に
意見を聞いてみよう。
信頼はヒトもネコも同じニャ

ニャドラー先生からのコメント

ネコのヒト付き合いは、大きく分けて次の3種類。
❶淡白で、「あれ？ 避けられてる？」と思えるくらいの付き合い（仕事レベル）
❷集会のように、決められた時間と場所で親交を深める付き合い（交友レベル）
❸心から気を許せる、信頼した付き合い（愛・家族レベル）
その相手とは、どのレベルの関係を築きたい？

何があっても信じてるよ。

「自分と性格的に合うネコを飼いたい」

そう思ったら、母ネコを見るのがおすすめです。ネコは母系の生き物で遺伝的にも母ネコの性質を受け継ぎ、また母ネコは子ネコに信じられないほど多くのことを伝えます。

生まれてからペットショップに出されたり、ヒトの手に渡るまでの間は、多くの場合は母ネコに育てられますが、その時期に性格形成がなされるため、性格面においても母ネコの性質を濃く受け継ぐことが多いのです。

ネコは「クール」といわれがちですが、実は、この母と子の間には、とても深い愛情が通っています。そして、この愛情はネコ同士でないと築けないものではありません。実は、いくつかの条件を満たすことができれば、ヒトとネコの間にも、同様の強い絆を結ぶことができます。

ここでは、本当の意味での「絆」に注目して、「ヒトとネコとの間に、深い愛情を築く」という視点からお話をしていきたいと思います。つまり、「今すぐそうすべき」とか、「ここで提案していることを取り入れていないからよくない」ということではなく、この先長い時間をかけて、誤解なく根本からわかり合えるために、という、希望のあるアプローチの提案です。

あなたは、母ネコと子ネコのむつまじい様子を見たことがあるでしょうか。

子ネコは、母ネコに首根っこを口でくわえられてもまったく抵抗しない。少し力加減を間違えれば簡単に命を落としてしまうような状況でも、身をゆだねられる。母ネコは何よりも子ネコを優先し、その身に危険が迫れば、身を挺《てい》して守る。そんな関係です。

この愛情深さはすさまじいもので、私自身、目の開いていない赤ちゃんネコを保護して育てて初めて、「ネコの愛情と信頼はこれほど強いのか」と気づいたものでした。ここでご提案するのは、それ以来、様々な年齢のネコを保護して育てて気づいたことです。それは、

「生後すぐ、もしくは目がはっきり開く前（生後10日頃までが理想。遅くとも1カ月以内）に飼い始め、あなたの手でネコミルクを与えて育てることで、子ネコとあなたとの間には、無条件の愛情の絆が結ばれる」

ということ。

「え！　そんなに、ネコと無限の愛情関係を築ける時期は短いの？」

と驚かれるかもしれません。でもそれもネコの成長速度を考えれば、納得できます。

想像してみてください。あなたは、15歳の頃に戻ったとします。そのとき、何かの事情で本当のお母さんがいなくなり、代わりといわんばかりに「新しいお母さん」が現れたとしましょう。その人はとても優しく、いい人です。あなたをかわいがってくれます。

では、その人と築く愛情関係と、15歳まで育ててくれた本当のお母さんとの愛情関係は、同じといえるでしょうか？「どんなに素敵な人でも、やっぱり本当のお母さんとは違う」。そんな葛藤が生まれても、仕方がないのではないでしょうか。

ネコと飼い主の関係というのも、多くの場合が、このような状態です。ネコの体は、生後1年ほどで大人になりますが、内面（性格形成）はもっと早く、ヒトでいう「幼児期（社会化期）」は、生後2～7週間の辺りで終わってしまいます。ヒトと比べてかなり早く、かつ短いのです。この時期をだれと過ごすかが、ネコがだれに対して無条件の愛情を持つかのカギを握っているのですね。

ネコが社会性を獲得する2～7週間の間がどれほど大切かというのは、動物行動学の実験でも示されています。ネコが生まれてから9週間までの間、あるネズミと一緒に育てるのです。そうすると、ネコはそのネズミを襲わないだけでなく、そのネズミと同じ系統のネズミも襲わなくなります。

ネズミというのはネコにとって、捕食の対象です。

しかし、この時期を一緒に過ごし「家族」という絆を結べば、絶対に裏切らないのです。この時期を一緒に過ごす大切さが、わかっていただけると思います。


ただし、誤解のないように念を押しておきますが、子ネコの目が開く前に、もしくは生後1カ月以内に、母ネコと子ネコを引き離すべき、といっているのではありません。

今の法律の考え方は、ペットショップでの販売は、生後56日目以降、というものです。たしかに、子ネコを母ネコから引き離してガラスケースに入れて販売する現在のスタイルでは、それよりも早く子ネコと母ネコを引き離すことは、子ネコにとっては性格形成に影

響を与えるような、大きなダメージにつながるので絶対にすべきではありません（とはいえ、56日目以降なら、今のスタイルでよいといいたいわけでもありません）。

しかし、深い愛情を持って、一生のパートナーとしてそのネコと過ごすのならば、飼い主が母ネコの役割を担い、その後一生をともにする飼い主と子ネコの間に無限の愛を築けるようにしたほうが、ヒトにとってもネコにとっても幸せなのではないか、と思うのです。

もう1つ、念のためにいっておけば、たとえ生後1カ月以降に飼い始めたからといって、それがいけないわけでも、無限の愛情関係を築けないわけでもありません。

人間同士を考えてみてください。親子関係と幼なじみの関係、思春期の頃からの関係と、20歳過ぎてからの関係、あるいはここ数年の関係……どの時点から始まった関係でも、あなたにとってかけがえのない関係があるはずです。古くからの友人のほうが優れている、とは一概にはいえないでしょう。ネコとあなたが築ける関係も、それと同じ。それぞれの関係に、それぞれのよさがあるはずです。

さて、ここまで注意を払って、下手をすると誤解を受けるようなことを書いたのには理由

があります。それは、私は「ネコ」という動物は、これまでの歴史上、ヒトが育て、ともに暮らすようになった動物の中でも、特別の存在だと考えているからです。

ヒトはこれまで、様々な種類の動物を飼育してきました。ネコ、イヌはもちろん、ウシやウマ、ニワトリやブタなどの家畜も同様です。それらの動物とヒトの関係は、多くの場合、「リーダーと群れ」という関係です。たとえば家畜に対してヒトはリーダーですし、あるいは、イヌが家畜のリーダーになり、ヒトがそのイヌのリーダーになる、という上下関係です。

しかし、ネコ（と一部のイヌ）との関係は、変わりつつあります。共同体も持っていますし、愛情も深いのですが、リーダーは不在で関係はフラット（対等）です。

このようにネコとヒトとの関係性が、他の動物とは異なるために、他の動物からの推測がネコには通用せず、限りない誤解が生まれてしまっている、というわけなのです。

ですから、ネコを理解できるかどうかは、ヒトの、「上下の関係なく信頼関係を築く能力」を試されているともいえますし、その関係が築けたならばヒトはネコを通して上下関係のないフラットな信頼関係への理解を深め、鍛え、高めていくことができる可能性がある、といえます。

ネコへの誤解は、人間社会や人間が飼育してきた動物との上下関係という枠を超えたときに消えていくのかもしれない、とも思うのです。

私は、アドラーの温かい感覚と、ネコの生き方がはからずしてこれほど似ていることに、偶然を超えた進化の神秘を感じています（進化生物学では、このような現象を収斂《しゅうれん》進化といいます。まったく違う生物でも環境適応で似た機能を身につけることをいい、たとえば、サメ〈魚類〉とイルカ〈哺乳類〉、モグラ〈哺乳類〉とケラ〈昆虫〉が似ていることなどに見られます）。その神秘を、そして、ネコによって開ける人間の新たな可能性を知っていただきたいのです。


ちなみに、もし乳飲み子の子ネコを飼い始めることができる場合、牛乳は母ネコのお乳《ちち》とは成分が違うのでNGです。ペットショップなどで販売されている子ネコ用のネコミルクを使用してください。なお、イヌの場合は12週くらいまでが「幼児期」にあたるため、生後2カ月半までに飼育を始めれば、親子にも似た関係を築きやすくなります。

ただ、今までもネコやイヌを愛情深く飼ったことがある方というのが、ネコやイヌを赤ちゃんから育てるための条件となると思います。その子の母ネコ（母イヌ）になるということは一生をともに生きることを約束するということなのです。ヒトとネコとの愛情の絆の形が、今後20年くらいをかけて、じっくりと変化していくことを祈っています。

Nekochishiki 5

自分に合う子ネコの見つけ方

これまでお伝えしてきたように、飼いネコは私たち人間の一生のパートナーです。自分に合う子と出会うには、どうすればよいのでしょうか。

私は、ネコの年齢に限らず、ペットショップでネコを買うことはおすすめしていません。それは、ペットショップで売られているネコは、どんな母ネコから生まれたのかわからないからです。ストレスのない環境で育てられた母ネコであれば、子ネコにもストレスがかかることはありませんが、ペットショップで売られている子はどんな環境で育ったかがわかりません。子ネコにどんな遺伝的形質があるかなども、母ネコを見ればある程度はわかりますが、ペットショップではそれも知り得ない。性格、体質など、子ネコを判断する材料は、母ネコにあるのです。

また、日本の法律では、ペットショップで子ネコを販売してよいのは、生後56日目以降。つまり生後2カ月以降です。ですから、それよりも早くネコを飼い始めるには、限られた方法しかありません。

私は、まだ目も開いていない赤ちゃんネコを保護したことで、貴重な経験をしました。ヒトが本当にネコを理解できるような状況になったら、赤ちゃんネコをミルクから育てられるようになってほしいと願っています。

もし、計画的に子ネコをどこかから譲り受けて飼おう、という場合には、まずは子ネコが生まれる前に、しっかり時間をかけて母ネコ選びをしましょう。母ネコを見る際は、性格が合うかだけでなく、暮らしている環境が清潔で、ネコたちが狭いところに押し込められていないかもチェックしてください。そうして選んだネコが半年先に産む子をもらい受けるのが理想的です。

ヒトと動物の関わり方については、いくつも法律がありますが、その多くはその動物自身の幸せや可能性をあまり生かせていないように感じます。また、保護の必要なネコや、虐待に遭ってきたイヌなど、多くの動物たちが、ヒトによってつらい思いをさせられてしまっているのが現実です。

ヒトにおける幸せを動物にも押しつけるのではなく、それぞれがより幸せになっていけること、そしてヒトとの新たな関係が築かれていくことを願ってやみません。

2

「どうなったら、今よりもっと楽しいか」を考えよう

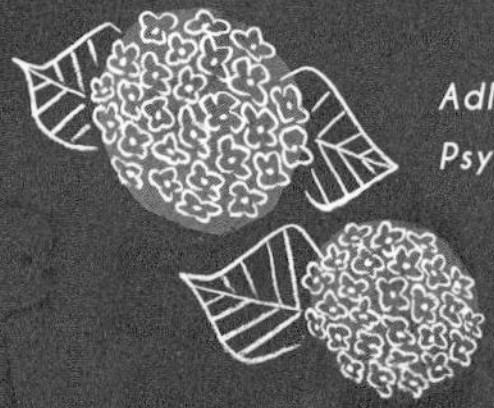

Adler&cat
Psychology

「自分の常識」を過信しない

ネコは「同じ」を求めない

こうすればもっとよくなる、
とわかっているのに、
そうしないヒトが気になります。

相手を操作して変えようとしてはダメにゃ。
相手を変えるんじゃなく
自分が変わることに集中しよう。

ニャドラー先生からのコメント

あなたがいいと思うものが相手にとってもいいか、相手がいいと思うものがあなたにとっていいかは、わかりません。また、「いい」とみんなが思っているものが本当にいいかどうかさえ、実際には不確かなものなのです。

あなたの常識は、
隣のヒト（ネコ）の
非常識。

よく、初対面で人と仲よくなるためには、相手と自分との共通点を探せ、といわれます。私たちは、自分と同じところがある人を「好き」になる傾向があるようで、出身地が近かったりすると、とたんに打ち解けたような雰囲気になりますね。

一方で、「好き」な相手を、ついつい「自分と同じであってほしい」と思う傾向（願望や欲）もあるようです。友達だったときには気にならなかった相手のクセが、恋人になった瞬間に気になり始め、直してほしくなる、なんてことは、この典型例といえるでしょう。

ネコと一緒に暮らしていると、ついネコも自分と同じと考えてしまうことがあるかもしれません。しかし、実際には「人間の常識＝ネコの非常識」ということが多々あります。これを知らないばかりに、大切なあなたのネコの健康を害してしまっている可能性もあるのです。

先日、あるネコの飼い主から受けた実際の相談をご紹介しましょう。その方は、

「うちの子、結石ができやすくて、1年に何度も入院しなきゃいけないんです。何か原因があるのでしょうか？」

と悩んでいました。たしかに結石はネコの体調不良の中でも多いものですが、1年に何度もというのは多すぎます。そこで、そのネコの普段の食べ物を聞いてみることにしました。

「喜んで食べるものしか与えていませんよ。たとえば……」

その飼い主が与えている食べ物には、ネコにあげてはいけない「あるもの」が含まれていました。そしてその食べ物をやめたとたん、そのネコは病院知らずの健康体になったのです。

その「あるもの」とは？　それはキャベツです。この飼い主は、キャベツとみそ汁の出汁《だし》用に使った煮干しを、毎日ネコに与えていました。

キャベツやほうれん草などの植物は、ネコにとっては「毒」となることがあります。ネコ草の代わりにはなりません。含まれるシュウ酸が煮干しのカルシウムと結合して、「シュウ酸カルシウム＝結石」となり、膀胱炎《ぼうこうえん》の原因となることがあるのです。

ネコが欲しがるものを与えているだけなのに……とその飼い主は驚いていました。

さて、この項目でお伝えしたい大事なことは、あなたと周囲のヒト、そしてネコは、違う生き物であり、考え方や物事の優先順位、体質などが違って当たり前だということです。同じだと信じ込んでしまうと、いざ目の前に違いを突きつけられたとき、受け入れることができません。人間同士なら喧嘩《けんか》や別離、ヒトとネコなら飼い主が原因のネコの病気などを招いてしまいます。そのようなトラブルが起こる前に、互いの違いを認めること。そうすると、ちょっとしたことでイライラしたり動揺したりしなくなります。

相手のためと自己満足

体はウソをつけない

相手のためと思ってがんばっているのに、
まったく感謝されません。

それをしているあなた自身は、
幸せを感じられている？
他人からの感謝より、
まずは自分の幸せに集中するニャ

ニャドラー先生からのコメント

感謝されないのは、あなたの努力がその人の望んでいるサポートではないからかもしれません。世話好きやお節介は、実は優しい人なのではなく、相手を自分に依存させ自分が重要な人物と実感したいだけなのかも……。その優しさが、自分の不幸感や満たされない感情を埋めるためのものでないか、振り返って確認してみよう。

「道を譲ったら
感謝してくれるか」なんて
ネコは全然考えない。
大事なのは、
譲りたいか、譲りたくないか。
それだけ。

ヒトの基準での「ヘルシー」や「体にいい」は、ネコにとってまったく当てにはなりません。そればかりか、ネコには害を及ぼすことすらあるのです。人間のヘルシーに当てはめて「オーガニック」を強《し》いたり、自分と同じものをあげることがネコへの優しさだと考えているとしたら、それは大きな間違いです。

皆さんご存じのとおり、ヒトは雑食です。つまり、体内に様々な消化酵素を持ち、様々なものを食べて栄養を得られるということ。肉食や草食の動物にとっては「毒」になってしまうものも、消化・吸収できるのが、雑食の特徴です。

具体的には、ヒトの消化器官には、5つの解毒の作用があるといわれていますが、その中の2つの作用が、ネコは極端に弱いということがわかっています。単純に考えると、ヒトにとっては体にいいものの4割（5分の2）が、ネコにとっては毒になるということです。

たとえば「人間にとっては体にいい」玉ねぎやニンニクが、「ネコにとっては毒」だというのは、よく知られていることですね。「ハインツ小体性溶血《しょうたいせいようけつ》」によって、血液が溶けて貧血を起こしたり、ひどい場合には死んでしまいます。

では、ネコが食べられる植物を見分ける方法は？

端的にいうと、「イネ科の植物」は、食べさせてあげてよいでしょう。家ネコの先祖のリビアヤマネコは、森林から草原へ追い出された進化の歴史があります。

草原には少量の水で育つイネ科の植物が多く、草原をすみかとする小さな哺乳類の中には、草を主食とするものが多くいて、ネコの祖先はその小動物をエサとしていました。胃袋にイネ科の植物が残っているネズミのような生物を、そのまま食べることもあったでしょう。このような背景から、イネ科への耐性がついたと考えられています。

ちなみに、似たような形をしていてもニラはヒガンバナ科ですし、ほうれん草はヒユ科、キャベツはアブラナ科で、ネコにはいずれもNG。野菜の科を見分けつつ与えるのはなかなか難しいものですから、日常のネコとの生活においては、むやみに野菜をあげることなく、あげるとするならネコ草にとどめておくのが安心です。とくに野菜は、イネ科の植物を除いて、基本的に「毒」となる可能性がある危険を考えておかれるといいでしょう。

もちろん解毒能力もネコによって様々で、強い子もいれば弱い子もいます。それは人間にとってのアルコールと似ています。少量で酔っ払ってしまうヒトもいれば、いくら飲んでもへっちゃら、というヒトもいます。その場ではへっちゃらでも、たくさん飲み続けていれば、やがて肝臓が悪くなってしまう人もいるでしょう。

アルコールを飲んで気分転換になるヒトもいれば、毎日1杯くらいのアルコールをとったほうが、健康にもいい、という説もあります。

一概にいいとも悪いともいえないのですから、これはご自身の体質と向き合って、自分を知っていくしかありませんね。

ただし、ネコにはヒトの言葉が通じませんし、しかも味を感じる「味蕾《みらい》」が少ないため、体に悪いものであっても、自分で気づくことができません。ネコにとって何がいいのか、悪いのかは、あなたの家のネコちゃんとしっかり向き合って見極めてあげることが不可欠です。とはいえ、毒性の強すぎるものを与えてしまわなければ、ネコにだって強い治癒能力がありますし、地域の獣医さんも救いの手をさしのべてくれるはずですから、そこまでビクビクしなくても大丈夫です。

基本のルールは守りつつ、いざとなれば専門家に頼る。これが、物事をうまく運ぶ秘訣だと思います。

植物と動物の生存競争

私は鳥も大好きで、よく観察をしています。カルガモなどのカモ類を見ていると、やはり彼らもアブラナ科の植物は食べないのだな、ということがわかります。食べ物が少なくなる冬場、イネ科の植物を食べ尽くしたとしても、そばにあるアブラナ科の菜の花には見向きもしません。菜の花が自分たちの体には毒であることがわかっているからです。

菜の花を食べたときに感じる苦みは、「アルカロイド」という成分です。これが多くの動物たちにとっては「毒」なのです。

人間でも、子どもは菜の花や山菜などはあまり好きではありませんし、そもそも野菜嫌いという子も多いと思います。「苦い」と言って食べない子は、毒を感知しているという意味において正しいわけです。人間の子どもが野菜をイヤではなくなる年齢は、およそ高校生くらいです。実はその頃、毒素への抵抗力がグッとアップします。そして野菜を積極的にとることで、体に侵入して繁殖しようとする微生物やカビなどを防ごうとしているのです。その野菜の毒を摂取することで、自らの免疫機能を強化する過程で、「苦み」に対して鈍感になっていくのです。

そう考えると、解毒能力が弱い子どもにとって、アルカロイドの多い野菜、つまり苦い野菜は、味という面だけでなく、解毒能力の面から見ても食べづらいというのが実際です。子どもの頃に嫌いだった野菜が、大人になって好きになるというのは、やっと毒素への抵抗力が高まったということでもあるのです。

なぜ植物が毒素を持っているのかというと、それは種《しゅ》を残すためです。もし、毒がなければ、あっという間に草食動物に食べ尽くされてしまいます。植物自体が自分の中に毒を持つことで、草食動物に食べ尽くされないように身を守り、生き残ろうとしているわけです。

実際、植物と動物とは、常に生存競争をしています。たとえば、恐竜の絶滅にも、植物の進化が大きく関わっています。恐竜はその全盛期には、地上を覆い尽くしていたシダ類の植物を食べていました。それが、環境の変化に伴って常緑樹→落葉樹→草類へと変わっていきます。恐竜が絶滅した頃には、地球全土を覆っていた森林の3分の2が、草地に変わっていたとされています。それで、体が大きい草食恐竜は、十分な栄養をとることができず飢え死にしていきました。

さらに、恐竜の化石の中には、草類を食べて胃腸炎になって死んでいるものも見つかっています。恐竜が、草類に耐性がなかったこともまた、彼らが絶滅した一つの理由でしょう。植物も、そして動物も、進化の中で戦い続けていることがわかりますね。

さて、私たちが食べている野菜は、膨大な種類がある草類の中のほんの一部です。人間が食べられるように、毒素を減らしています。「野菜は健康にいい」というイメージがありますが、それは野菜に残った少量の毒素を、ヒトがうまく利用しているからです。そのため、野菜もまた偏った種類だけを食べ続ければ、健康によくないであろうことは、簡単に想像できますね。

ネコの食事を考えるうえで、私が「野菜は毒と考えてください」とお願いしているのには、このような背景があるのです。

「自分の感覚」に素直になる

ネコはワガママ？

自分のワガママや都合で、
ヒトに迷惑をかけるのはダメ！
多少のことなら、ガマンすべきですよね。

それって本当にワガママ？
もとからそういう性質だったなら、
受け入れるしか仕方ないニャ

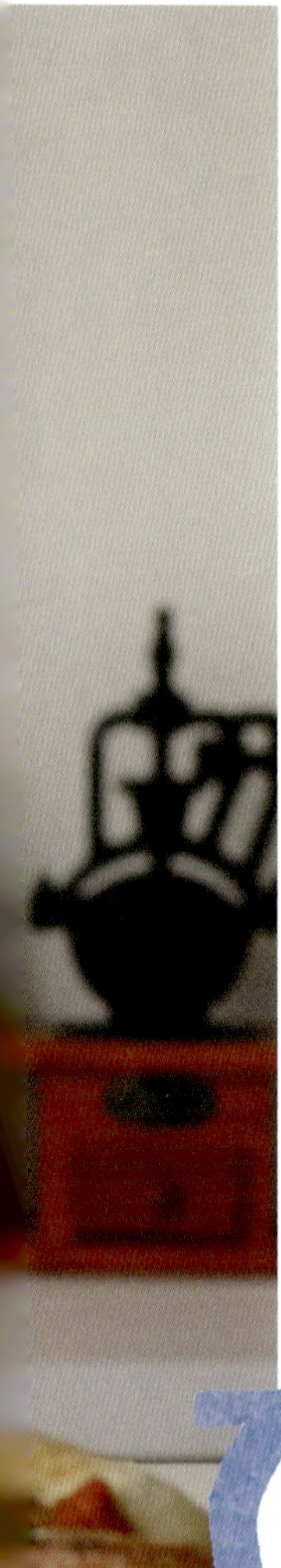

ニャドラー先生からのコメント

ワガママの代表例「食べ物の好き嫌い」。これは、一律によい悪いが決まっているものではありません。遺伝的性質によって、かなり個体差があるものなのです。こんなふうに、一見ワガママのようでも、実は仕方のないことはたくさんあります。ガマンのしすぎには気をつけましょう。

だって、どうしても
「嫌い」って
思っちゃうんだもん……。

ネコは一般的に「食べ物の好き嫌いが多い」といわれています。

「一度高級なエサをあげたら、それ以外食べなくなった」

なんてことから、「ワガママ」などと表現されることもあるようですね。でも、これもネコの特性上、仕方のないことだと思います。性格の問題ではなく、単に体のつくりの問題です。

牛乳を飲むとトイレに通い続けなければいけない人にとって、牛乳は健康にいいものではなく、日常生活にさえ悪影響を及ぼすものです。いろいろな食品を食べることだけが強調されますが、その一般論を鵜呑《うの》みにせず、自分がより必要としている食べ物を選んで食べるということが重要です。実際、これまで私が相談に乗ってきたスポーツ選手は、ケガが少なく能力の高い方ほど、「バランスの悪い」食事――自分に必要なものばかりを積極的にとっていました。

ただし、「偏食」と「自分が必要としている食べ物」の区別がつかない人も一部にいらっしゃるかと思います。その状態でとっていても、大きな問題の生じにくい食事が、均一化されたバランス食といえるでしょう。

多くの動物は、同じものしか食べない、食べられないという性質を持っています。たとえばパンダは竹や笹しか食べず、コアラはユーカリの葉しか食べません。イヌの祖先のオオカミは、鹿肉などの反芻《はんすう》動物の肉を主に食べて生きてきましたから、イヌはその種類の肉だけを食べれば生きていくことができます。

それは、言い換えれば、パンダは竹や笹がなくなれば絶滅し、コアラはユーカリがなくなれば絶滅し、オオカミは反芻動物がいなくなれば絶滅することを示しています。

しかし、ネコは違います。ネコは肉食動物の中でも最強の進化をしました。食物が豊富なジャングルで、ネコの祖先たちは、哺乳類、鳥、ヘビ、トカゲ、カエル、昆虫など、好きなものを食べて暮らすことができたのです。これがネコの「肉食雑食性」へとつながりました（ただし、家ネコの直接の祖先であるとされるリビアヤマネコの多くは、しだいに草原や半砂漠地帯で生きることになりました）。

そのためネコ科動物の体は、いろいろなタイプのものを食べることができるように進化した反面、同じものだけを食べ続けることにはあまり向かなくなりました。狩りのたびに、ネズミ、次は鳥、トカゲ、ノウサギなどと、食べ物を変えることが普通のことだったからです。

このような経緯によって、一緒に暮らしているネコがどのような食べ物を好むかは、品種など遺伝によって違いがあるばかりでなく、個体ごとに好みも違うので一概にはいえません。日本のネコは魚が好きで、外来種は肉が好き、といったざっくりした好みの傾向はあるものの、見極めるのは簡単ではありません。この辺りもイヌと大きく違うので、食事選びが難しいと感じる部分かもしれませんね。

さて、このような「ネコの事情」を知った今でも、

「ネコはワガママだから、毎日のご飯を食べたり食べなかったりする」

と思いますか？　いえ、ネコ好きのあなたなら、ネコの調子や様子、体のつくりに合わせて、できる範囲でご飯を変えてあげようと思ったはずです。

きっとつい5分前まで「困った」と思っていた方も、その「困った気持ち」が薄まったのではないでしょうか。

でも、あなたの気持ちがそういうふうに変わったとしても、ネコの側はというと、5分前も今も、まったく状況は変わっていません。相手が変わっていなくても、あなたの感じ方も行動も変わる。これが、心理学でよくいわれる、

「コップに半分入った水を、多いと感じるか少ないと感じるかは自分次第」

「幸せかどうかは、自分の心が決める」

ということです。さらにいえば、相手には、自分の知らない事情があって、「自分勝手」にも見える行動をとっているということでもあります。ネコの食事の話から、思いがけず私たちヒトの考え方の話につながりましたね。

ネコの食事に由来する悩みは、実はこんなことをあなたに教えてくれているのかもしれませんね、笑。

Nekochishiki 7

外国のネコは魚を食べない!?

ほとんどの外国人には、「お魚くわえたどらネコ〜」の意味がよくわかりません。なぜなら、ネコが魚を主食にしている国は、世界でもそんなに多くないからです。

……ちょっと待って、ネコって、魚が好きなんじゃないの？

いいえ、世界中でネコが魚を食べるのは、ごくわずかな地域だけなのです。その理由を見てみましょう。

前の項目でお伝えしたように、ネコは様々な肉を食べて栄養バランスをとる「肉食雑食性」。その中には、基本的に魚は含まれません。このネコの食に関する性質は、今、世界各地で飼われている家ネコの祖先と考えられている「リビアヤマネコ」の生息地域が半砂漠地帯だったこととも関連しています。乾燥地帯にはそもそも魚をとれる水場がなく、魚を食べるという習慣もありません。もちろん魚好きでもないわけです。

また、ネコは水が嫌い、というのは、ネコ好きの方ならご存知でしょう。リビアヤマネコからの進化の過程においても、水に関わりのある獲物は食べてこなかった、と考えていいと思います。

さらには、他のネコ科の動物たちにも、好んで魚を食べる種はあまりありません。ライオンやトラ、チーター、ヒョウ……魚を食べているイメージはありませんね。

というわけで、世界標準においては、ネコの食べ物は「肉」。ですから、海外製のキャットフードは、たいていが「チキン味」や「ターキー味」です。日本のように「カツオ味」や「ツナ味」というのは、珍しかったんですね。

ではなぜ、日本の家ネコは魚を食べるようになったのでしょうか。

それはおそらく、日本人が肉より魚をよく食べていたことによるものでしょう。今のようにキャットフードが流通する以前は、ヒトの食べるものに準じるものが与えられていたことも多くありました。あるいは、カツオブシなど、魚を使った加工品もエサに多く含まれていたはずです。

日本人の暮らしに合わせて、ネコも魚を食べるようになったわけです。

また、イタリアやフィリピンなど、日本以外にもネコが魚を食べる地域もありますが、それらはいずれも海に囲まれたところに限られます。それらの地域でも、ヒトの暮らしに合わせてネコの食文化が変わってきたのでしょう。

環境に合わせて主食を変えられる。この対応力もまた、「ネコ科」という種の強さがあらわれているといえるでしょう。それだけネコは、生き残る力に長《た》けた種なのです。

「人見知り」を克服するには？

ネコの挨拶

人からの誘いが苦手です。
いろいろな人と親しくなるように、
もっと努力すべきと思うのですが……。

自分の領域を大切に。
自分が心地よい距離感を
持っていいのニャ

ニャドラー先生からのコメント

だれとでも仲よくするということは、自分の本心を押し殺して、だれからも嫌われないようにすること。そのような他人軸に沿った生き方をしていると、自分の**パーソナルスペース**を失ってしまいます。

ほどほどの距離感。
ほどほどの安心感。
それで万事OK！

他人と接するとき、私たちはつい、「どれだけ親密になれるか」を考えてしまいがちです。「仲よきことは美しきかな」という精神が、どこかで染みついているのかもしれませんね。でも、大事なのは「心地よい距離感」。ネコもヒトも、心地よい距離感があるときに、いちばんよい関係が築けます。

まず、ネコは普段、群れで生活していませんので、極端に近づかれたりべたべた触られるのを嫌がります。ネコに近づいていくと、途中でネコが一瞬フリーズするタイミングがあるでしょう。まるであなたの存在に初めて気づいたかのように、「ピクッ」となる瞬間です。その距離感が、ネコにとっての**「パーソナルスペース」**。それ以上ズカズカと踏み込んでいくと、ネコは身を翻《ひるがえ》してパッと逃げてしまいます。ネコはこの**パーソナルスペース**を非常に大事にします。

もし、そのネコと親しくなりたければ、ネコ同士の関係の築き方をマネしてみましょう。ネコの気持ちになって、やってみてくださいね。

ネコは相手に心を許したとき、鼻と鼻を合わせる習性があります。ここでも、その習性を利用します。

ネコにとっての「鼻」の代わりになるのが、私たちの「指」です。仲よくなりたいネコと出会ったときには、ネコが一瞬フリーズしたところで近づくのをやめ、しゃがんでネコと目線を近づけます。そして、ネコに向かって、軽く人差し指を伸ばしてみましょう。

ネコが自分からあなたに近づいて、鼻で「チョン」としてくれたら、それは「お友達」のサインです。体を撫でたりさらに近づいたりしても、多くのネコは受け入れてくれるでしょう。

この、ネコがピクッとなって立ち止まる距離感は、それぞれ全然違います。かなり近づかせてくれる子もいれば、15mくらい必要な子もいます。傾向としては、生まれてすぐの頃から人間と接触しているようなネコは、近づかせてくれることが多いかも、という具合です。人間そのものに対して恐怖心がないので、安心して近づいてくれるのです。

さらにネコと心の距離を詰めたいときは、次の3つを気にしてみるといいでしょう。

❶あなたから近づかない

近づいていってネコがフリーズしたら、それ以上近づくのはやめてネコの動きを見守りましょう。多くのネコは、他人に主導権を握られることになれていません。そこで、距離感や近づき方も含め、ネコに決定権を与えてゆだねたほうが、良好な関係を築きやすくなります。

❷上から目線にしない

ネコは喧嘩をする際、自分を大きく見せるために目線を高く保つ習性があります。仲よくなりたいネコに「喧嘩腰」ととられないように、なるべくしゃがんでネコに目線を合わせましょう。

❸ネコが来ないときは静かに見守る

普段は人懐《ひとなつ》こいネコでも、ひとりになりたいときもあります。もし指を伸ばしてもネコが近づいてきてくれなければ、それは「また今度」というサインです。今回は近づくのをあきらめましょう。

ネコが自ら近づいてきて、あなたの指に鼻先を「チョン」としてくれたら、あなたとそのネコはもう、お友達です！　ずっと仲よしでいられるでしょう。
一度友達になったネコは、あなたをちゃんと覚えています。ですから別の日に同じネコに

これからずっと、
仲よくしようね。

会ったら、指を差し出してみましょう。もしそのとき、ネコの気分が乗っていなければスルーされてしまうこともあるかもしれませんが、顔を合わせた回数だけ親しくなっていくのは、ヒトもネコも同じです。また、最初受け入れてくれなかった子でも、ネコの流儀を守って回数を重ねていれば、やがてはネコも、

「このヒトはいいヒトかも？」

と思い直して、「チョン」としてくれるかもしれません。

ネコとの距離感から、私たちは学べることがたくさんあります。

まず、相手が嫌がることをしないことです。あなたが親しくなりたい相手でも、相手が乗り気でなければ、無理しないこと。相手が自分の距離感を侵そうとしたら、それを防ぐこと。もちろん上から目線は禁止です。距離感の心地よさは、人間関係の心地よさに直結します。

パーソナルスペースを大切にすることを、初対面のときはとくに、気にしてみてください。

これらはつい、当たり前と思ってしまいがちですが、人間関係で違和感のあるときには、どこかで距離を取り間違えています。末永くよい関係を続けていくためにも、適度な距離を保つことが何より大切なのです。

ネコがあごをこすりつけてきたときには

ネコの中には、初対面なのに足下まで寄ってきてグルグル回ったり、あごをスリスリしてくる子がいます。懐いてくれているの？　それとも警戒されてる？　いったい、どっちなのでしょう？

このグルグルやスリスリの意味は、「自分のホーム（32ページ）へようこそ」ということ。歓迎してもらっていたのですね。「ホーム」の捉え方の違いからか、どちらかというと、オスのほうがこういった行動を見せることが多いようです。このように、ネコから積極的に挨拶をしてくれた場合には、どのように対応すればいいのでしょうか？

おすすめの対応法は、あごの横を撫でてあげることです。ネコはひげがはえているあごの辺りに、においを出す器官があります。そこから出るにおいを交換することで、「家族のにおい」「仲間のにおい」をつくっているのです。母子のネコを見ていると、あごの横をこすり合わせている様子が確認できるでしょう。

そう、ネコがあごをスリスリこすりつけてきたら、これは「においを交換しよう」というサインなのです。においの交換ができれば、ネコも安心して、自分の場所に招き入れてくれるはずです。先程の「鼻チョン」のあとも、もっとそのネコと親しくなりたければ、この「においの交換」をしてあげるといいでしょう。

ネコの嗅覚は私たちヒトの数万倍ということがわかっています。近所のネコともっと親しくなりたい、という場合には、ヒトにはなかなか実感できない、ネコ同士のにおいの挨拶を取り入れてみてはいかがでしょうか。

「自分の弱さ」と距離をとる

ネコは「弱さ」でつながる

完璧からほど遠く、
どうせ自分なんかダメだと思うと、
何をするのも怖くなってしまいます。

「完璧でないこと」を
やらない言い訳に使っていないかニャ?
できることから始めよう

ニャドラー先生からのコメント

少しくらい欠点があっても、致命傷にならなければOK。新しい試みをすること自体に価値があります。新しくチャレンジできた自分を褒めてあげるのがいちばんです。

世界の成功者も、
ネコの狩りも、
成功率は
どちらもたった10%。

「自分には才能がないから」

「自分には学歴がないから」

「自分はかわいくないから」

……こんな理由で、いろいろなことをあきらめていませんか。もし少しでも思い当たるとしたら、それは**「劣等コンプレックス」**のワナにはまっています。

少し冷静に考えてみましょう。あなたの周りで活躍している人は、皆が皆、才能にあふれているでしょうか？　学歴が低かったり、容姿が優れていないと、うまくいかないのは当然ですか？　あるトップアスリートの方は、

「自分にはあふれるような才能はまったくなかった。そのために、毎日毎日ひたすら努力を続けた。それが今の自分をつくっている」

と言っていました。「足りない」という劣等感を成長の糧《かて》にするか、それともあきらめるための言い訳にするか。それはあなたが選ぶことなのです。

そしてもちろん、生態系のトップに立ったネコだって、完璧ではありません。もちろん弱いところもあります。

96ページで紹介した、ネコの「鼻を合わせる」という挨拶。これはネコ同士でも心を許し

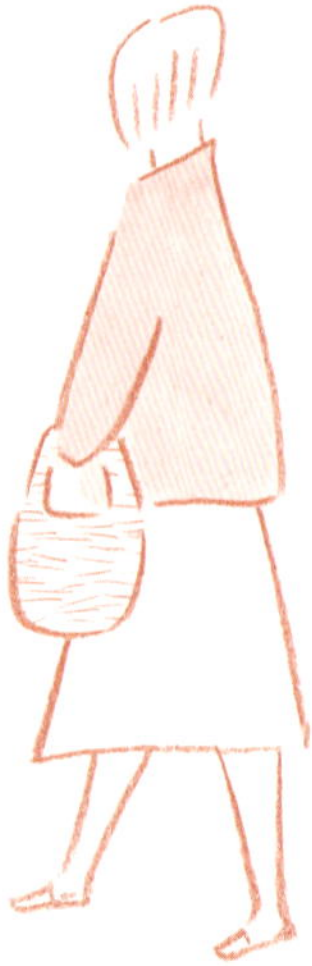

た相手にしかしない行為で、実は単なる挨拶以上の意味があります。

　鼻を合わせると、自然と目が近づきます。目は、生きていくためにも重要で、かつ、外部からの攻撃に弱いところです。ネコの目は大きくもろいので、ちょっと傷がついただけでも中の水晶体などが傷んで、見えなくなってしまいます。

ツメで引っかかれたりすれば、当然狩りができなくなり、ひいては生命の危機にもつながります。つまり、「鼻を合わせる」というのは、お互いの弱いところを相手の前にさらけ出すという行為。つまり、「あなたに対して、警戒心はありませんよ」「あなたのことを信じていますよ」というサインなのです。

　私たちはつい、完璧であると愛される、認められる、成功できると考えてしまいますが、しかし実際はそうではありません。周囲から愛されているヒトは、意外に欠点が多いことも多く、完全無欠なヒトはかえって人気がなかったりしますよね。

　取り返しのつかない人格的な欠点や業務（仕事）に差し障る欠点は問題ですが、その他は許される欠点。もっといえばチャームポイントともいえるものです。完璧を目指すよりも、完璧でないと知ったうえで、それを乗り越えていくことのほうが大切です。

「こうあるべき」と上手に付き合う

野生の価値観

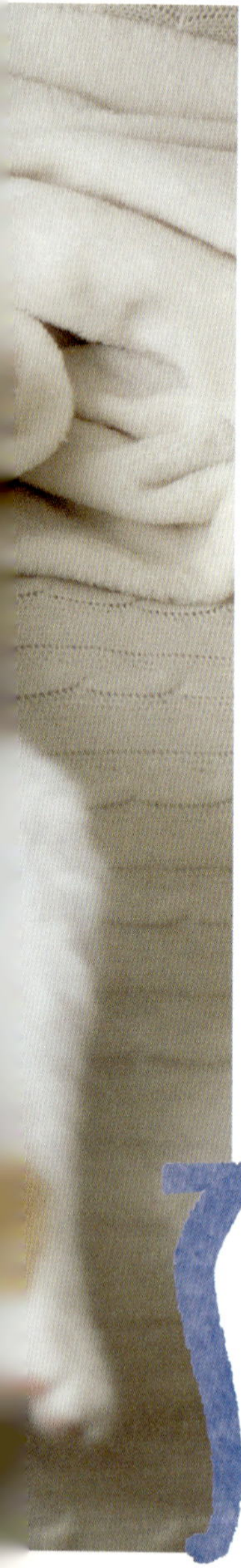

みんながそう言っているから、
私も同じようにしなくちゃ！

“みんな”っていったい、
だれのこと？
あなたの人生はあなたのもの。
だれも肩代わりしてはくれないニャン

ニャドラー先生からのコメント

人生の時間は有限です。その寿命の中で、どうすれば後悔しない人生を送れるかは、自分でちゃんと考えなければいけません。自分の人生の大切な時間を、納得できるように使うことが、何より大事なのです！

死ぬ前に
後悔しないように
生きようよ。

大切なネコと、1日でも長く一緒にいたい。飼い主であればだれもが、そのように望むはずです。

では、家ネコの平均的な寿命はどのくらいなのでしょうか？

野良ネコなどは平均3年、長くても4年ほどで死んでしまいますが、家ネコの平均寿命は15年ほどといわれています。

この「家ネコ」の平均は、完全な室内ネコと家と外を出入りするネコを合わせたデータです。そのため、完全な室内ネコであれば、もう少し長く生きられる可能性があります。まずは平均の15歳を目指し、次に16歳、最終的には20歳以上を目指しましょう。

私の家で飼っていたマオは、家と外を自由に出入りしていましたが、22年生きましたし、その前に飼っていた子は20年でした。22年というのは人間の年齢に換算すると117歳くらい（計算式18＋4・7×21）です。

人間は当たり前に、「長生きはいいことだ」と信じています。日本では1950年頃から一貫して平均寿命は伸び続けてきましたが、これは大きな進化の視点から見ると、かなり特殊なこと。地球の38億年の歴史の中で、多くの生物は種の生き残りのために「寿命を短く」

している中、ヒトはどんどん伸ばし続けているのです。

寿命が短いほうが、種として存続しやすい――矛盾《むじゅん》しているように思えるかもしれませんが、これは紛れもない事実です。

たとえば、アブラムシは1年に3回以上も新しい世代に替わります。自分が生まれたときにはすでに、次の子がお尻についている状態で、しかも一度の産卵も大量です。その次世代の中から、その環境に合った遺伝子の個体だけが生き残ることで、種が存続していきます。

このような世代交代のサイクルだと、「地球温暖化」などはほぼ、問題になりません。というのも、もし暑くなるならば、暑さに強い遺伝子の個体が残るから。そうして淘汰《とうた》されることで、環境の変化に対応しているわけです。

仮に、半年後に紫外線の量が10倍になるとすると、ヒトが生き残るのはかなり厳しいと思いますが、アブラムシなら適合する個体が現れる可能性がはるかに高い、ということになります。

このように考えると、種にとって「寿命が短い」「世代交代が早い」というのはすごく重要なことだとわかります。人間の「長生きしたい」という気持ち、そして日本人の晩婚・高

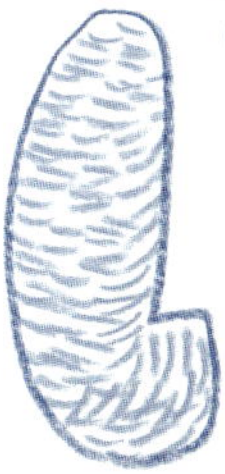

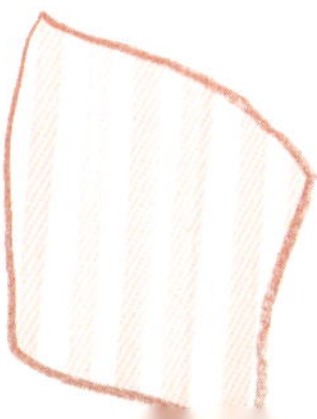

齢出産化は、進化の過程においては珍しいことなのです。

あるいは、ネコを含めたほとんどの動物が、最初の半年や1年で大人になることで早く繁殖をし、遺伝子の切り替えをしていますが、ヒトは大人になるまでに約20年かかります（人間以外ではゾウも成熟が遅い動物です。性的に成熟するのに生後10年かかり、初産はそれよりも5年以上あとになります）。この点においても、ヒトは他の生物と大きく違っているわけです。

このことから何をお伝えしたかったかというと、「ヒトにとっての常識、ヒトにとっての大事なものは、他の生物一般とは違うかもね」というシンプルなことです。ですから、私たちを基準に「よかれ」と思ってやったことで、取り返しがつかなくなる場合があります。

たくさんの事例がありますが、その1つであるオーストラリアのカエルの例を紹介しましょう。オーストラリアでは畑の害虫に困っていました。そこでその害虫を食べる有益な動物を入れようと、アメリカからオオヒキガエルを連れてきたのです。

しかし、実際にオーストラリアで起きたことは、害虫はほとんど減らずにオオヒキガエルが大繁殖した、ということでした。さらに、オオヒキガエルは毒を持っていたため、それを食べたイヌやネコ、オーストラリア固有の生き物が死んでしまい、生態系に大きな悪影響を与えました。このようにヒトの「よかれ」は、他の生物にはよくないという可能性は大いにあるのです。

ヒトを基準に考えるのをやめるだけで、もう少し、ネコをはじめとする他の動物の気持ちがわかるかもしれません。

老化遺伝子の外し方

ネコ科動物の寿命に関して、ちょっと不思議なことがあります。

たとえば野良ネコ研究などを見ていると、普通の野良ネコの平均寿命は3年ほどですが、自然界でも10年くらい生きる子がいます。しかも、この長寿な子は決して珍しいわけではなく、結構な割合でいるのです。

エサや生活習慣に、何か特別な理由があるわけではないのに、妙に長生きする個体がいる。しかも、平均寿命の倍以上、平気で生きる。考えてみると、ちょっと不思議な感じがしませんか？

これもまた、遺伝子がなせるワザです。前述のように、ネコ科の動物たちはジャングルのトップに立ってきた種です。持っている遺伝子も非常に優秀です。そのため、ときに「寿命」という概念から大きく外れる現象を観察することができるのです。

しかも、このように「寿命」の概念を外れて長生きするのは、たいていの場合、リーダー格のネコです。ネコ科動物というのは、恐竜の地位に代わって、この世界に君臨するようになった非常に優秀な生物です。ですから「ある程度の時間で世代交代する」というシステムを持つと同時に、「突出したリーダーは長生きする」という遺伝的にフレキシブルな対応ができるのかもしれません。

この「寿命」の概念を外れて長生きする性質は、ネコ科の特権ではありません。実は、鳥類にも同様の現象が見られます。

鳥類にも、キンカチョウだったら4年、ベニスズメだったら2年半、ブンチョウなら6年といったように、ある程度決まった寿命はもちろんあります。私はキンカチョウを30羽ほど飼っているのですが、必要なビタミンや栄養をしっかり与えて、必要な運動をさせると、寿命が倍になる個体がときどき出てきます。遺伝子の寿命のスイッチを、キャンセルできる個体がいるのです。

私たちが街でよく見るスズメも例外ではありません。自然界での平均寿命は約2年で、10羽に1羽ほどしか親鳥になることはできません。しかし、そのような中にも長生きのスズメがいて、その寿命は自然界という環境の中で10年にも及びます。実に平均寿命の5倍。人間で考えたら400年以上生きる人がいる、という感覚です。このように考えると、鳥類の平均寿命という概念は、わりとフレキシブルなもののようです。

残念ながら、寿命に関する限り、人間の遺伝子はそこまでフレキシブルではありません。いい食生活をしたからといって、いきなり寿命が80歳から160歳になったりはしません。そういう記録は1件もありませんから、人間の生きる長さにおける遺伝の柔軟性は、さほどないと考えてよさそうです。

「怒り」のしずめ方

ネコの生き残り戦略

不倫とかマナーの悪さとかを目にすると、なんだか怒りが湧いてきます。

たしかによくないことかもしれないけど、
少なくとも**他人のことに関して**は、
その辺は**もっとおおらか**でも
いいのかも～ニャン

ニャドラー先生からのコメント

アドラー心理学の柱となるのは**「自己勇気づけ」**の考え方ですが、勇気を失ったヒトは、無自覚に、周囲のヒトも勇気を失うような言動をとります。他人からの**勇気くじき**のワナにはまらないように。あなたが幸せに生きることが、**勇気くじき**に対する最大の仕返しです。

他人のマイナスを
どれだけ集めても、
自分のプラスに
ならないよ。

世の中の常識から少しでも外れたことをすると、すぐ、鬼の首を取ったようにあれこれ言ってくる人がいます。アドラー心理学でいう**「勇気」**を失ったヒトは、無自覚に、周囲のヒトも勇気を失うような言動をとります。その代表的なものが、「嫉妬」や「やっかみ」、「過剰な批判」です（もしそれが上司や同僚であれば、最悪ですね）。現代の日本社会では、浮気や不倫に対して非常に厳しい目が向けられていますが、これもその一つかもしれません。

日本で今の一夫一婦制が採用されたのは、明治31年（1898年）の民法において。たった100年ほどの前のことです。大奥などの例を挙げるまでもなく、それまで側室《そくしつ》や「妾《めかけ》」が認められていたのは、跡継ぎである男児を得るため。男の子が必要という文化的要請が、一夫多妻制の根幹にありました。

ところでネコが採用しているのは、一夫多妻制ならぬ「一妻多夫制」！　そこにはどんな理由があるのでしょうか？

生まれてきた子ネコたちの色や柄に、「あれ？」と思ったことのある方はいませんか？

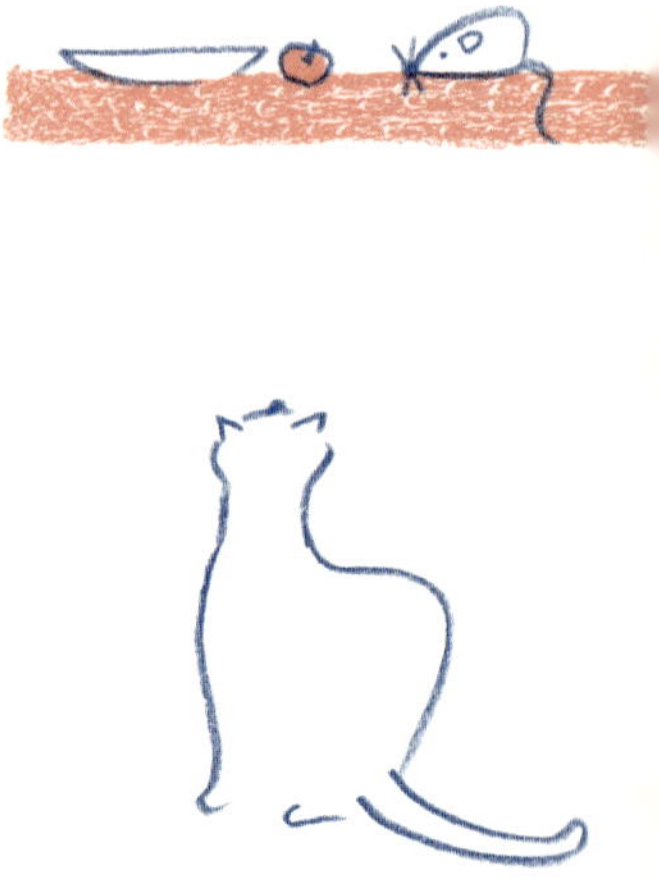

白ネコ同士のカップルから生まれた子ネコの中に、なぜかトラ柄の子が混ざっていたり、全部の子ネコの色が、てんでばらばらだったり。それは、柄の突然変異が起きた、のではありません。単にトラネコのオスの子どもが混ざっていた、というだけなのです。

ネコの繁殖方法は、人間とはずいぶん違います。

第一に、産む子の数が多い。平均して4匹くらいの子ネコを一度の出産で産みます。

さらに、1回の出産で、複数匹のオスネコの子を同時に産みます。父親が複数なのです。

そう、同時に、です。

メスは発情期になると、子宮にいくつかの卵子を持ちます。この卵子が時間差で出てきたり、受精のタイミングがずれたりして、複数のオスの子どもを同時に身ごもるのがネコ流。

もし仮に、シロ、トラ、ブチと3匹のオスがいて、いちばん強い個体がシロだとすると、6匹中シロの子どもは4匹、トラ、ブチがそれぞれ1匹ずつ、というような割合で生まれるような感じです。強いオスの遺伝子のほうが残りやすいのですね。

この繁殖の仕方を、不愉快に思う方がいるかもしれません。しかしこのような繁殖方法をとるのは、ネコだけではありません。生物の中で進化のトップをいくのは鳥類だと私は考えていますが、一対一のカップルを維持するといわれる種であっても、生まれた子の中で、1

〜2羽は、他のオスの子が混ざっていることが多いようです。なぜ、ネコも鳥もこのように複数のオスの子を同時に産むように進化してきたのでしょうか？

それは、種の絶滅を回避するためです。

マウスを例に考えてみましょう。リーシュマニアという病原感染症があります。この病原微生物をA、Bそれぞれ遺伝的な系統の違うマウスに投与します。このとき、A系統のマウスは発熱するのですが、B系統は発熱しませんでした。どちらが助かるか、というとA系統です。発熱というのは、体が異常に気づいて免疫力を上げている状態です。ですから、投与された病原菌が異常だと気づき、対応したA系統のマウスだけが生き残ることができ、そのように反応できないB系統のマウスは皆、死んでしまいます。

もし、ネズミ界でリーシュマニアによる感染症が大規模に発生した場合、A、Bそれぞれ遺伝的に違う系統を持っていれば、B系統が全滅したとしても、A系統は生き残り、このマウスの種は絶滅から逃れることができます。

リーシュマニアについては対応できないB系統も、A系統では対応できない別の病原菌に

対して対応できる能力があったりします。

このように様々な系統が混在することによって絶滅してしまうことを防いでいるのです。

これは、病気だけでなく、周囲の環境変化などでも同じことです。

6匹の子ネコを産んだとして、すべて同じオスネコの子だと、何かの感染症が流行した際に全滅してしまう可能性があります。こういったことを防ぐために、メスはいろいろなオスの子どもを同時に産むのです。

どうやってメスが、違うタイプのオスを見分けているか、という点ですが、私はオスのにおいをかぐことで選び分けていると推測しています。「喧嘩に強い」「ウイルスに強い」「環境の変化に強い」などの様々な要素で、メスネコは相手を選んでいるのではないでしょうか。

ネコの「一妻多夫制」は、絶滅というリスクを回避するためのもの。遺伝的多様性を持つことで、あらゆる変化に対応していくためのものなのです。遺伝的に多様であることは、生物としての強さに直結します。つまり、より進化している生物ほど多様性を保つことに貪欲なのです。

ここでお伝えしたいのは、

「人間もネコに倣《なら》い遺伝的多様性を確保するために、一妻多夫制、もしくは一夫多妻制を！」

「不倫や浮気だって、必要なこと！」

ということではありません。早合点して、社会のルールを逸脱しないように気をつけてください。

ヒトは、学習したり努力したりして脳をアップグレードさせることで、環境に適応して生き延び、繁殖してきた生物です。この情報遺伝子のことを生物学では「ミーム」といいます。人は大きく柔軟な脳を持ち、思考や知識をよいものに置き換えたり新しい情報を入れたりすることで、ミームを進化させ、幸せを求めてきました。本書で紹介しているニャドラーの知識もまた、より優れたミームに書き換えるのに役立つでしょう。

ですから、他人に対するあれこれも、もっと柔軟に、それほど目くじらを立てなくてもいいのかもしれませんね。

あるいは、経験を積んだり、学んだり、挑戦することがヒトという種の強みなのですから、日本人も、結婚や離婚、パートナー選びなどに、もっとおおらかになってもいいのかも……と思うしだいです。

3

「急かされ、
がんばりすぎる毎日」から、
自由になる

Adler&cat
Psychology

褒め言葉と期待

ネコの意外な本音

周囲からの期待に応えようと、いつもがんばっています。

相手の期待に応えるよりも、大切なことはニャいかな？

ニャドラー先生からのコメント

他人からの評価や褒め言葉ばかりを重視していると、評価や褒め言葉を得られないだけで、幸せを感じられなくなってしまいます**（共依存）**。自分の人生なのですから、幸せも人生の優先順位も、自分で決めるしかないのです。

褒められることって、
本当に、
そんなに大事？

先日、テレビで「イヌとネコ、どっちが飼い主への忠誠心が強い？」という実験を見ました。エサがたくさん入ったお皿と、少ししか入っていないお皿を用意して、飼い主はエサが少ないお皿のほうに待機します。そこから、少し離れたところにいるイヌやネコの名前を呼んで「おいで～」と言ったときに、多いエサよりも飼い主を選ぶのか？　という実験でした。

そこでは、イヌはほぼ、自分を呼ぶ飼い主のほうに行ったのに対して、ネコはエサの多いお皿に釣られ気味。

「やっぱり、ネコよりイヌのほうが、忠誠心も強く、賢い」

というような結論が出ていたように記憶しています。

それでも私は、ネコはイヌと同じかそれ以上に賢いと断言できます。それは、私がイヌよりネコのほうが好きだから、というわけではありません（私はイヌも大好きです）。

実はネコは実験には非常に不向きな動物なのです。なぜなら、ネコの気持ちを推測するに、その根本には、

「なぜ実験に参加しなくてはならないのか？」

「なぜ期待に応えないといけないのか？」

という疑問があるからです。実験に素直に参加してくれるイヌやヒトとは大きな違いです。

ですから、この冒頭の実験も、本当にネコが「飼い主よりもエサを選んだ」とは限らないわけです。普段とは違う環境で、文字どおりネコなで声で自分を呼ぶ飼い主を警戒して近づかなかった可能性もありますし、さらには、実験意図さえも読んで、「あえてその期待を裏切った」という可能性も否定できません。

相手の期待を裏切ることで狩りを成功させ、種の繁栄をつくり出してきたネコ科動物（45ページ）ならば、そのくらい、何でもないはずです。期待にあえて応えない賢さがあるので、測定不能……。これがネコの賢さなのです。

それでは、ヒトに目を向けてみましょう。私たちもまた、相手の期待が重苦しく感じたら、それに応える必要はありません。

私は中学生の頃、農業高校への進学を志望しており、早々に親にも担任教師にも伝えていました。しかしいざ受験期になると、周囲の大人たちは、より偏差値の高い高校に進むように私に言いました。約束したことを翻す親、それを支持する教師の態度に、非常に腹が立ちました。とくに教師に対しては、一人一人の生徒の将来まで考えて進路指導をするというのは幻想で、結局は成績ごとに学校に振り分けているだけだとガッカリしたのを覚えています。

さて、こんなとき、皆さんならどうしますか？

高校ではとにかく高い偏差値の学校に行って、大学で自分の行きたい道を選ぶ、というのもあるかもしれません。しかし私は、親からは「大学に進学するなら国立のみ」と言われていました。また、好きなことには一心不乱に取り組むけれども、興味が湧かないものには本当に無関心、というタイプだったので、国立大学へは行けないと思いました。

そこで私は、「わざと答案の一部を白紙のまま出して、自分の行きたい学校のレベルに自分の成績を合わせた」のでした。難しそうな問題を数題、回答するだけで、あとの問題は取り組みもしなかったわけです。今思えば、ずいぶん生意気なガキですね（笑）。でも、当時の私は、自分の自尊心も傷つかず、だれにも迷惑をかけない合理的な方法だと思っていました。

一方、親と教師は大慌てで私に答案を埋めさせようとしましたが、私も譲らない。そこで困った教師は、私の行きたい高校の推薦枠があることを教えてくれ、獣医師の先生に出会わせてくれました。今でも恩師として尊敬している國谷寛先生です。

私が獣医師になりたいと思い、こうして今があるのは、國谷先生のおかげです。國谷先生と会うことがなければ私は獣医師にはならなかったはずです。人生とは不思議なものですね。

たいていの場合、私たちは、周囲の期待を裏切ることを心苦しく思うものです（私だって、もちろんそういう意識はあります！）。しかし、そのように周囲の他人の価値観に沿うように生きていては、体がいくつあっても足りません。

その点、ネコは自由です。実験をする人間から褒められたいとか、ましてや評価されたいといった気持ちは、微塵もありません。ネコは自分の人生（ネコ生？）を生きているのであって、実験者の人生を生きているわけではないのですね。こちらの意図などお構いなし、というネコを見ていて心惹かれるのは、もしかすると自分がそうできていないことの裏返しかもしれませんよ。

相手の期待に応えようとして苦しくなってしまったとき、自分がなくなってしまいそうなときは、このようなネコの視点を思い出してみてください。「本当に期待に応える必要はあるのか」「自分は期待に応えたいと思っているのか」。この前提を疑ってみると、違う世界が開けるかもしれません。

「仲よくなれるか」は遺伝子が決めていた

私たちは当たり前のように、イヌやネコを飼っていますが、これは生物的に見て、きわめて特殊です。人間の他に、異種の動物を飼っている動物はいないと思います。

ただし、どんな動物でも飼えるか、というとそういうわけではありません。異種の生き物に対して「懐く動物」と、「懐かない動物」がいるからです。

たとえば、私たちが飼っている家ネコと遺伝的にはほとんど違いがないヨーロッパヤマネコという亜種がいます。でも、ヨーロッパヤマネコは、どんなに小さいときから人間が育てても、ほとんど懐くことがありません。

実はこういった種の生物には、「異種の生き物に対して親和性を持たせない」という遺伝子があるのです。この遺伝子は、種全体に作用している場合と、種としてはそこまで縛られていなくても個体によって大きく差がある場合があります。

たまに、動物園で飼育員の方が襲われたり、ペットにしている動物が逃げ出して近隣の住民を襲ってしまったりというニュースがありますが、どんなに献身的に世話をしても、懐かない動物がいるのは仕方のないことなのです。

これは哺乳類に限った話ではありません。魚類や鳥類も同じです。

メジナを幼魚から育てたことがあるのですが、その中の1匹、タローは本当によく懐き、エサを持って行くと寄ってきて、水替えのために手ですくっても嫌がりませんでした。かわいいものです。しかしもう1匹のジローというメジナはまったく懐いてくれず、近づくと、水槽のモーターの影に、

「ボクはいません！」

とばかりに、縦向きになって隠れていました。同じメジナでも人間への親和性に大きな個体差があるのです。

皆さんも、池に近づいただけでコイに囲まれたような経験はありませんか？　魚類の中でも、コイはとくに人に懐きやすい種のようです。「コイを飼う」という文化が残っているのはそのためなのですね。一方、どんなに頑張っても、フナはあまり人に慣れません。

また、インコやオウムは人に慣れますが、ジュウシマツなどは懐くことが少ない種といえます。

何かを飼うときには、そもそもその種が人に対する親和性を持ちやすいかどうかをまず考えてみるといいかもしれません。

効率ってそんなに大事？

寄り道の楽しみ方

ゴールへはいち早く、
一直線に行こう。

そんなに急いで、どこ行くの？
ゴールに向かう道のりだって、
楽しいことがいっぱいあるニャ

ニャドラー先生からのコメント

目的地に達することだけが、人生ではありません。
そこに向かっている道のりこそが、人生なのです。

寄り道の中に、
人生の幸せはある。

動物の賢さをはかる実験には、迷路を通ってエサを見つけるというものもよく見かけます。するとと、イヌもサルもマウスも、エサまで一直線です。ヒトも、そうですね。何とか最短距離、短い時間でごほうびを手に入れようとします。

さてネコは、というと、一直線にエサに向かっていく子ももちろんいますが、かなりの割合で「一直線には行かない」子がいます。途中で気がないようなフェイントをかけるのです。立ち止まってみたり、時間をおいてみたり、迂回《うかい》してみたり。知らん顔してその辺にゴロンと転がったりとか（笑）。

そして目を離したスキに、エサがなくなっている……これがネコ流の振る舞い方です。

こうした性質のネコですから、「最短距離で、早く手に入れる」という実験では、残念ながら上位に入ることはできません。

でも、実験そのものを楽しんでいるのはどっちか、という視点で見ると、とたんにネコは上位に躍り出るのではないでしょうか。直線的に、最短距離で目標に突っ走るのではなく、あっちに寄り道、こっちに寄り道。ネコは他の動物を、

「そんなに急いでどこに行くの～？」

くらいに見ているかもしれません。

ネコにとっては、最終的にエサが得られればいいだけですから、他の動物たちのように焦る理由が見つからないのです。

かくいう私も、ネコの生き方に学んでいるひとりです。現在、ネコに倣って、人生の寄り道を満喫しています（笑）。50歳にして海外で動物の栄養学や野生動物の研究を行なっています。ネコにはまだまだ及びませんが、残りの人生、ネコ的に生きていけたら幸せだろうと考えています。まだまだ、寄り道は続きそうです。

上手に休む

ネコはいつも自然体

他の人ががんばっているのに
自分だけ休んでいたら、
どう思われるか不安です。

他人に合わせて**無理をしたり**、
がんばっていない他人に
イラついたりするのは、
ちょっと**ストップ**にゃ

ニャドラー先生からのコメント

「自分が休むことで相手が不快に思う」場合、課題を持っているのは相手です。あなたには休息が必要なら、休めばいい。基本は「相手の課題は相手の元に、自分の課題は自分の元に**（課題の分離）**」。自分の課題に向き合うことが、大切です。

ネコは寝ている
姿勢が「自然体」。
あなたの自然体は
どんな姿？

私たちは、「**分離**して考える（＝比較抜きに、物事をありのままに捉える）」ことがどうも苦手なようです。これはネコとイヌの話をするときにも同じ。そもそも体のつくりがまったく違うネコとイヌを比べて、「ネコのほうが～」「イヌのほうが～」と優劣をつけて話すのはおかしなことだと思います。

たとえば、「ネコはいつもゴロゴロしていて、イヌよりずっと怠け者」のようにいわれることがありますが、ネコの体のつくりは、基本的な構造がイヌとはまるで違います。イヌが「直立で立ち続ける」ことを前提に体ができているのに対して、ネコは「ものすごい瞬発力を発揮して高速で動く＋それ以外はゆるむ」を前提に体がつくられています。

ちなみにヒトも直立で立ち続けることを前提とした骨格で、足下から一つ一つ、骨を積み重ねた構造になっています。そのため、体は「立っている」ときが本来の姿勢。座った状態は、実は体に負荷がかかっています。座りっぱなしだと腰が痛くなるのは、腰に余計な負荷がかかるからです。イヌも同様です。

一方ネコの体は、骨と骨の接合が、他の哺乳類と比べると柔軟にできています。たとえるならバネやゴムのような状態。バネやゴムは柔らかすぎて、まっすぐな形にキープするのが

難しいものですね。ネコの体もそういうしくみになっているのです。なので、ネコにとっての「直立姿勢」は、ヒトにとっての「全身運動」に匹敵するくらい大変なことなのです。長時間無理やりキープさせれば、人がマラソンを走ったあとくらいの筋肉の疲労を感じることでしょう。

「ネコは、頭の骨が通れば、体は通り抜けられる」
「ネコは頭や背中から逆さまに落ちても、足で着地する」
というような、ネコの身体能力に関する特性も、柔らかい骨格構造に加え、筋肉、関節、靭帯《じんたい》、腱《けん》などの機能が柔軟にできていること、それに伴った血管なども非常に可動性が高く（動きやすく）つくられていることからきています。

ですから、同じように寝てばかりいても、人間とネコとでは、意味合いがまったく違います。ネコにとっては、それが自然な姿勢なのです。

ネコとヒトほどの差はなくとも、ヒトとヒトだって、一人一人違います。それなのに私たちは、他人に自分を投影したり、他人の考えを勝手に想像して萎縮してしまう傾向があります。

「私が仕事を休んだら、Aさんに嫌われるかもしれない」

「新しい仕事にチャレンジしたら、Bさんに嫉妬されるかも……」

Aさんがあなたを嫌うかどうか、Bさんが嫉妬するかどうかはわかりません。また、仮にそうだとしても、それらはAさんやBさんの**「課題」**であり、あなたには関係がありません。

ここでのあなたの**課題**は、自分の体調を知り「休む」という選択をすること。望んでいた新しい仕事にチャレンジすること。他人の**課題**に振り回されて、自分の**課題**を見失わないようにしましょう。

ネコとイヌを同列で語れないように、あなたと他人も同列で語ることはできないのですから。自分の**課題**と他人の**課題**は**分離**して考えましょう。

大切なのは、自分の肉体的、心理的、脳神経的な特徴を知ってあげること。他人にとっていいことが自分にとってもいいとは限らず、他人にとって役立つことが、自分にとっても役立つとはいえません。

それは、健康法にも、働き方にも、食事にも、人間関係にもいえることです。そのことは忘れずにいたいものですね。

大嫌い！
だけど大事な水の話

ネコをお風呂に入れようとして、傷だらけになるくらい引《ひ》っ掻《か》かれた……なんて経験はありませんか？　そう、ネコは水が大嫌い！　ネコにお風呂は必要ありませんし、興奮しすぎてショック死するネコもいるくらい（！）、水は恐怖の対象です。

ネコが水を嫌う理由は、雨が降らない砂漠で進化してきたから。少しでも水が体につくと、ぺろぺろと舐《な》めて水分を取ろうとします。

また、体長1m近くにも育つ、世界一大きなネコ「メインクーン」は、雪の深い寒冷地で進化しました。そのため、長い毛は皮脂を含み、水を弾くようにできているなど、そもそも水を避ける性質があるのです。

これだけ水嫌いなネコだからでしょうか、水が足りないことによる泌尿器系の病気はとても多く見られます。尿の量が少なくて結石ができたり、便秘になったり。命に関わる巨大結腸症になってしまうのも、摂取する水分が足りないからです。

ネコの水嫌いは先祖代々受け継いだもので、家ネコの祖先であるリビアヤマネコもまた、水をゴクゴク飲むことはなかったと考えられています。しかし狩りをすることで、獲物に含まれた水分も一緒に摂取していたわけです。

現代の家ネコも、このリビアヤマネコの性質を受け継いでいますが、それでも少し前まではこの性質はあまり問題になりませんでした。なぜなら、ネコたちはいわゆる「ねこまんま（冷やご飯にみそ汁をかけたもの）」を食べていたからです。ねこまんまの水分含有量は60～70％ほど。これは狩りで得られる獲物とほぼ同じです。

その食事がドライフードに置き換わったことで、ネコは必要な水分を食事から得られなくなりました。「ドライ」とつくように、その水分量は10％程度。ほとんど含まれていません。それで仕方なく水入れからピチャピチャ水を飲むのですが、そもそも水を飲むのが下手で、たくさんは飲めません。これがネコの水不足につながっているのです。

もし、飼っているネコの泌尿器系が弱いなら、フードはドライのみでなく缶詰も使用することをおすすめします。フードに缶詰を使用するだけで、症状がよくなるネコもいます（ただし、日本で販売されているフードは、缶詰よりもドライのほうが、栄養バランスのいいものが多い傾向にあります。缶詰とドライの併用も検討してみてください）。

また、ネコは嗅覚が鋭いので、トイレと水飲み場が近いと水を飲まなくなります。さらにネコは喉が乾いていることをすぐに忘れてしまいますから、できれば水飲み場は家の中で3カ所以上は用意してあげてください。そして1日に2回は水を変えてあげましょう。

ネコは水に関しては、とてもデリケートな生き物なのです。

マイナス思考を直すには？

ネコ流アファメーション

つい何でもネガティブに考えてしまいます。

よい口グセやアファメーションによって、習慣も、性格も変えていけるニャン

ニャドラー先生からのコメント

鏡の中の自分に向かって80回、自分を勇気づける言葉（147ページ）をくり返し唱えましょう。5分もあればでき、それだけで自分を変えていくことができます。

ゴロゴロ〜♪

ネコの「ぐうたら」は、体の構造以外にも大事な役割があります。実はネコがゴロンとしているときには、体の悪い部分を治しているると考えられているのです。

さらに、ネコが寝転んで「ゴロゴロ～」と喉を鳴らしているときには、「振動」を使って体の調整をしていることがわかってきています。

たとえば「ゴロゴロ～」の周波数は、血圧を下げる、心拍を整える、ストレスを減らすなどの効果があるのではないかといわれています。

さらにネコは、体を健康的に維持するためだけでなく、積極的な「治療」にも、「ゴロゴロ～」を活用しています。たとえば骨折です。「ゴロゴロ」で起きる振動は、骨折した部分の骨の付き具合をよくし、骨の免疫力を上げることができるようなのです。

この「ゴロゴロ～」、ネコは自分のためだけでなく、飼い主のために使うこともあります。

病気のときにネコがそばにいてくれる、ということはありませんか？　ある女性は、「子どもの頃、全然私に懐いていなかったネコが、私がお腹が痛くて泣いているときだけ、

そばに来てゴロゴロしてくれていた」

と言っていました。そんなときのネコは、自分のゴロゴロから生まれる振動を、家族の体に伝えることで相手を治そうとしているのです。

あなたの家のネコが、そっと寄り添ってゴロゴロしてくれたときには、ちょっと自分の体調に気をつけてみましょう。もしかすると、

「疲れているんじゃない？」

「治してあげるよ」

という、ネコの気持ちが表れているのかもしれません。

ちなみに、ネコが「ゴロゴロ～」としているときと同様の人間の反応は、ヒトにとっては「ポジティブに考えて、自分を褒めているとき**（自己勇気づけ）**」といえます。

アドラーの教えは、後に心理学者のアーロン・ベックに受け継がれ認知療法として確立し、その後、ポジティブ心理学という分野に発展しました。そのポジティブ心理学を提唱したマーティン・セリグマンは（ポジティブな）心の状態には様々な効用があることを伝えています。

あるオリンピックのメダリストは「自分で自分を褒めてあげたい」という有名なコメント

を残していますが、この言葉こそまさに、この**自己勇気づけ**の典型です。メダルが取れたことで出てきた言葉なのではなく、きっと練習のときから、自分に対してかけ続けていたのでしょう。そして、日頃の**自己勇気づけ**があったからこそオリンピックという大舞台でメダルがとれたのだと思います。

この**「自己勇気づけ」**は、とても大きな効果がありますから、アドラー心理学の入り口として何から始めるか迷ったときには、ここから始めてみることをおすすめします。永続的に人生にいい効果が表れ、未来が好転していくはずです。

日頃、頑張っている方は、つい自分で自分をむち打ってしまうかもしれません。でも、それをし続けていると、疲れてしまいますよね。

そんなふうに、いつもいつも気張っていないで、ときにはネコになったつもりで、ゴロゴロしてみる。そして、ゴロゴロしながら、いつも頑張っている自分を褒めてみる。そんなことが、アドラー心理学の入り口だったりするのです。

ニャドラー先生がすすめるアファメーション

先に進んでる！　進んでる‼　進んでる!!!（でも焦らない）

すでに勝ってる！　すでに勝ってる‼　すでに勝ってる!!!（でも負けても大丈夫）

順調！　順調‼　順調!!!

大丈夫！　大丈夫‼　大丈夫!!!

いい感じ！　いい感じ‼　いい感じ!!!

圧倒的に有利！　有利‼　有利!!!

チャンス！　チャンス‼　チャンス!!!

ラッキー！　ラッキー‼　ラッキー!!!

予定よりも、いい感じ！　いい感じ‼　いい感じ!!!

うまくいってる！　いってる‼　いってる!!!

自分でやる！　自分でやる‼　自分でやる!!!

それでも満足！　健全‼　順調!!!

楽しく！　楽しく‼　楽しく!!!

幸せ！　幸せ‼　幸せ!!!

ネコの本気はここに出る

いつもゴロゴロ、リラックスしているように見えるネコ。しかし、寝転んでいるからといって、ネコが四六時中、リラックスしてゆるんでいる、というわけではありません。

とくに、どんなときでも耳だけはずーっと働かせていて、何かあったときにすぐに動けるように、ネコはいつでも準備をしているのです。ゴロンと寝っ転がって、どんなにゆるんでいるように見えても、何かの物音がすると、パッとそちらを向いたり、起き上がったりできるのはそのためです。

私の友人が飼っているミックスのオス、マロン君を紹介しましょう。彼は人間の成人男性が大嫌い、という性質です。たとえば友人の家に男性の来客があるときには、そのヒトがインターホンを鳴らした時点でもうどこかに隠れてしまって、その男性が帰るまでは絶対に出てこないといいます。その男性がどんなにネコ好きでもお構いなしで、ネコに会いたいと言って家の中を探し回っても、どこにいるかすら、まったく悟らせないレベルだそうです。

マロン君にこんなことができるのもまた、ネコの聴力のなせるワザ。人間が聞こえる音の範囲はおよそ2万ヘルツといわれていますが、ネコは少なく見積もっても9万ヘルツほどの音が聞こえます。そのくらいの音域まで聞こえなければ、ネズミの鳴き声を聞き取ることはできません（私たちが聞いている「チュウチュウ」という鳴き声は、ネズミが発する中でも非常に低い音域のものです。

高音域の鳴き声は聞こえていないのです)。

マロン君は私たちが気づく前に来客の足音を聞き、その音から男性か女性かを判断している、というわけです。お客さんが家に入る時点ではもう隠れているのですから、私たち人間から見ればすさまじい能力ですよね。

もちろんこの能力は、マロン君がゴロゴロしてリラックスしているときでも発揮されるそうです。やはり、いつでも動けるように、常に備えているというわけです。

そうそう、ネコのゴロゴロついでにもう1つ。ネコが眠っているときは、熟睡しているように見えて、よく「夢を見て」います。その夢では、ネコはだいたい、「狩りの練習」をしているようです。外見は全然体を使っていないのに、イメージを働かせて、そのときに備えているのですね。もしかしたら、眠りながら暴れているネコに出会ったことがあるかもしれません。その子はきっと、夢に合わせて体が動いてしまった、ということなのでしょう、笑。

うかつに手を出して、ツメで引っ掻かれてしまっては大変です(162ページ)。気をつけたいものですね。

気持ちをうまく切り替える

ネコの脱力法

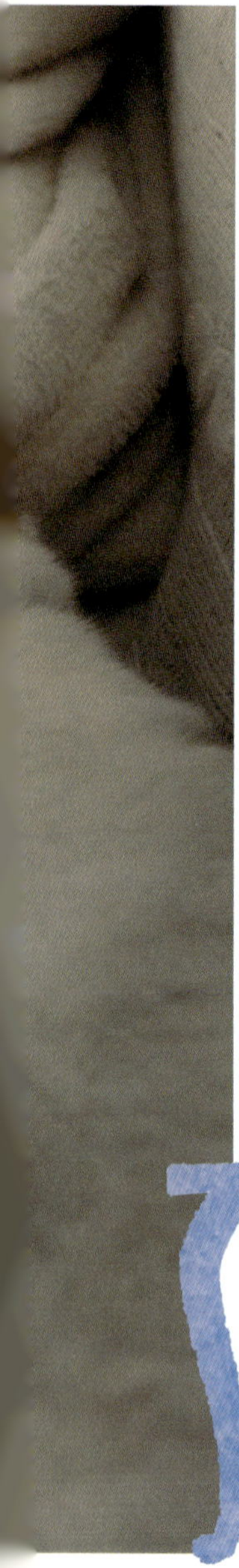

仕事をしているときにしか
充実感を得られず、
休むことができません。

ぐうたらだって大事。
がんばるときとゆるむときの
メリハリをちゃんとつけられるヒトが、
最強ニャ

ニャドラー先生からのコメント

教育現場でよく活用されるアドラーの考え（自立・社会との調和・できるという感覚・仲間意識などを育てる）を、「自分育て」に応用しよう。自分に対しても社会に対してもバランスをとることの大切さを、口グセのように自分に話しかけること（**アファメーション**）で、考えの土台（**スキーマ**）を変えていくことができます。

ぐうたらだって
仕事の一部。

日がな一日、のんびりと眠っているネコを見ていると、忙しい私たちはついうらやましくなってしまいます。

「ネコみたいに、のんびり眠って暮らしたい！」「ネコは気楽で、いいなぁ」と思ってしまうものですよね。

それもそのはず、日本人の平均睡眠時間は非常に短く、厚生労働省の「平成29年国民健康・栄養調査」を見ると、理想的な7時間以上の睡眠を確保できている人というのはごくわずかであることがわかります。男性では全体の71%が、女性は全体の75・5%が7時間未満の睡眠で過ごしています。40～50代においては、男女とも約11%の人が5時間未満の睡眠です。これではネコを見て「いいな～」と思ってしまうのも仕方がありません。

しかし、ネコが年中ゴロンとしているのには、ヒトの睡眠以上の理由があります。実は、骨格以外の理由でも、ネコの体にはゴロゴロしなければいけない理由があるのです。


突然ですが、「ネコが食べるもの」と言われると、何を想像しますか？　いくつか挙げていただくと、きっと早い時点で「ネズミ」が出てくるのではないでしょうか。

ネコよりもヒトのほうが、食べられるものの種類が多いというのは80ページでお伝えしたとおりです。でも、ネズミに関してはまったく逆。ネコには食べることができて、ヒトには食べられないものの代表格なのです。

なぜ、私たちはネズミを食べられないのか。それは、ネズミが強い病原性を持つことがあるからです。ですから、ネズミが出てきても、ヒトは触ってはいけませんし、食べようなんてもってのほか。ネズミを飼うだけで鬱《うつ》のような症状が出ることがあります。獣医学部にいた私も経験しましたし、研究者の間では体験的に知られています。ネズミは種として生き延びるために、免疫異常などを引き起こす有害性を獲得したようなのです。

しかしネコは、進化の過程で、そんなネズミにも負けないしくみを身につけました。それは、ネコ特有の代謝や免疫力です。

動物はすべて、生きていくうえで代謝という活動をしています。

代謝とは単にエネルギーやパワーをつくり出すだけでなく、心身に対する有毒物を解毒する働きも含みます。この代謝活動を、ネコは寝ている間に行なっているのです。

まずはエネルギーの代謝について詳しく見ていきましょう。

たとえば1日2500キロカロリーを食事や間食で摂取したとすると、成人女性であればそのうちの1200キロカロリーほどが、成人男性であれば1500キロカロリーほどが、「基礎代謝」として消費されていきます。基礎代謝とは、寝ているだけでも消費されるエネルギーのこと。内臓を動かすなど、生命活動を維持するために必要なエネルギーのことです。

基礎代謝に加えて、運動したり筋肉を使ったりすることで、私たちは代謝を上げ、さらにカロリーを消費しているのです。ダイエット中の方に運動が必要なのは、摂取カロリー以上のカロリー消費を促すためだけでなく、運動によって筋肉を鍛えることで、代謝をアップするためです。

ネコのエネルギー代謝の仕方は、私たちとはまるで違います。

ネコは寝そべりながらも、食べ物の「消化の過程」で代謝を上げたり下げたりといった調整ができることがわかっています。食べ物自体に有害性があるものをとると、ネコの体は代謝がアップするようにつくられているのです。

つまり、寝そべっていても、体の状態はヒトでいう全力疾走に近い状態になっていることがある、ということ。これはネコ科の動物全体に見られる能力といわれています。

ネコの代謝を上げる食べ物の一例が、先ほどのネズミ、そして77ページで紹介したキャベツです。自分の代謝を上げるために必要な「強度のトレーニング」として、ネコはあえて有害なものを食べているのです。

体内に取り込んだ毒素の分解や免疫活動は、一見寝ているように見えるまさにそのときに行なわれています。獲物の体内に含まれる有害物や病原微生物などに対して、消化活動中に活発な解毒や処理を行なっているのです。同じくネズミを食べるフクロウにも、似たしくみがあるようです。

ネコがいつでもどこでも、のんびりリラックスしているように見えるのは、この有害なものの中和作業に集中するため、とも考えられます。だらだらしているようでいて、体内では重要な機能が働いているのですね。ネコが散歩をしないのは、イヌと違って運動系の代謝があまり必要ないからです。ネコは体に負荷のかかるものを食べてゴロンとすることで、運動と同じくらい代謝を高め、免疫力を鍛えるしくみを持っていると考えられるのです。

ダイエットのために、毎日運動しなければならない私たちにとっては、うらやましく思えてしまうかもしれませんね（でも、ネズミを食べなくて済んでいる、と思えば、やっぱり運動くらいよしとしなければいけないのかもしれません）。

いうまでもなく、ヒトの睡眠には、ネコの代謝のような役割はありません。ということは、じゃあ私たちの睡眠は短くてもいいの？　と思えてしまうかもしれませんが、もちろんそんなことはありません。

人間にも眠っているときにしかできないことがあります。

それは、体の再生と、脳の掃除・記憶の固定です。

眠っている間に成長ホルモンが分泌されるのは、子どもも大人も同様です。成長ホルモンは、いわゆる「成長」を促すだけでなく、私たちの肌や内臓の再生を請け負ってくれているのです。また、脳に溜まった老廃物を排出できるのは、眠っているあいだだけということもわかっています。脳に記憶を固定化する作業が行なわれるのも眠っているあいだです。そのためヒトは約7時間半の睡眠が必要で、睡眠時間が7時間半程度のときに最も長生きできるということも、統計で明らかになっているのです。

とまあ、こんな小難しい話を聞いていると、ちょっと眠くなってきませんか？　ときにはネコみたいにのんびり、ゴロゴロして過ごしてみてはいかがでしょうか。

大丈夫。眠っている間でも、体と脳の大事な機能は働いてくれているのですから、その時間は決してムダではありません。

4

「未来への不安」に立ち向かう

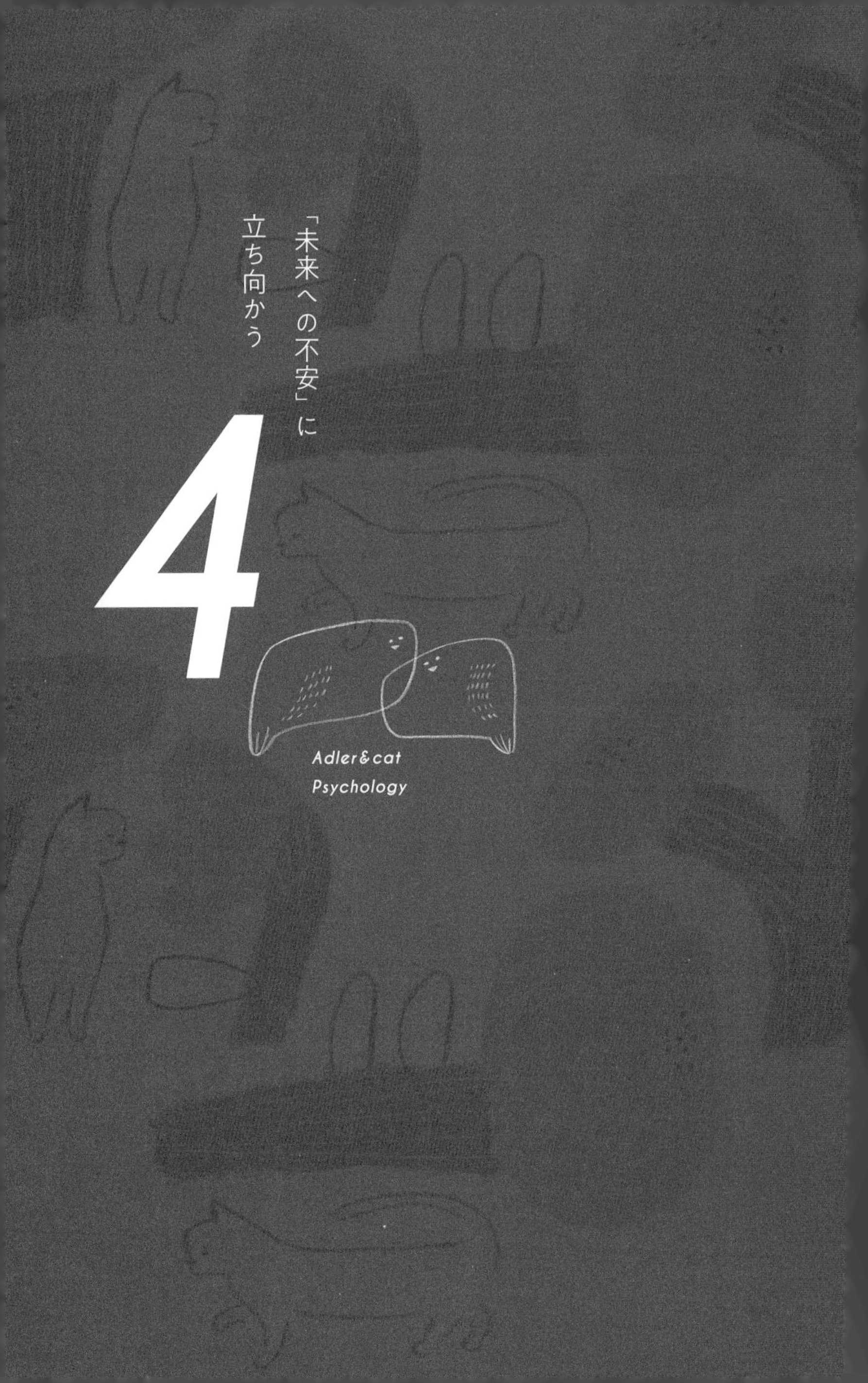

Adler&cat
Psychology

失敗への恐怖におびえない

ネコは未来志向

過去の失敗が気になって、新しい挑戦をするのをためらってしまいます。

挑戦しないことの言い訳に、過去の失敗を使ってニャいかな？

ニャドラー先生からのコメント

過去と他人は変えられません。しかし、過去の出来事の捉え方は変えることができます。過去の失敗をトラウマと捉えるか、その失敗を次に生かすのか。それはあなたが選択することなのです。

一見、失敗でも……
振り返ってみたら、
成功には
不可欠なことだったかも！

アドラー心理学は、「原因論」ではなく、**「目的論」**という立場をとっています。

「原因論」とは、158ページの女性の悩みにあるように、「過去の失敗（という原因）のために、チャレンジできない」という姿勢のことです。私たちはよく、この思考法に陥りがちで、たとえば、

「かわいくない（という原因がある）から、告白しない」

なんて考えてしまったりします。でも、同じこの「告白しない」ということも、原因を言い訳にして、告白するというリスクを避ける「目的」を達成していると考えると、アドラー心理学でいう**「目的論」**の考え方になります。つまり、原因を理由に何らかのリスクを回避している人は、「リスクを回避する」という目的を達成しているというわけです。

ですから前向きな「目的」を持つことができれば、「過去の失敗」さえ、プラスに変化していきます。

「過去の失敗を生かして、（成功するという目的のために）チャレンジしよう」

「過去の失敗をくり返さない（という目的の）ために、チャレンジしよう」

となるのです。「告白したい（という目的がある）から、かわいくなろう」。そんなふうに考えられるようになるのです。

狩りにおいて、「失敗」ばかりしているように見えるネコ科の動物たちは、失敗に対するある種のたくましさがあります。動物界の王者として君臨できているのは、理由があるのです。実はネコ科の動物というのは、一回一回の狩りに「カンペキ」を求めていません。そして「単に失敗している」わけでもありません。よく観察すると、そこには生き残りを支えるしぶとさが垣間《かいま》見えてきます。

ドキュメンタリー番組などで、ネコ科の肉食動物の狩りのシーンを見かけることがあります。そんな映像を見ていると、こっちまで体に力が入ってしまいますよね。

草原を全速力で走るチーター（時速約100㎞）。その先には同じく全速力で逃げるインパラ（シカに似た草食獣。時速約60㎞）がいます。だんだんと2頭の距離が縮まります。インパラのお尻にツメを引っ掛け、あと少し……！　というところで、なぜかあきらめて立ち尽くすチーターに、唖然《あぜん》としたことのある方もいるのでは。

あともう少しがんばれば、チーターはインパラを捕まえることができたはず。それなのにあきらめてしまうなんて、やっぱりネコ科の動物は「根性」がないのでしょうか？

皆さんの家の飼いネコにも、同じようなことがあるかもしれません。家の中に入ってきた小さな虫。捕まえようとばっと飛びかかった……と思ったら、次の瞬間には、「あ、ダメでした」とばかりにすごすごとその場をあとにする……。

「ええー！　もうちょっとがんばりなよ～」

という飼い主さんの声が聞こえるようです。「これでは野生では生きていけない」なんて思ってしまうのではないでしょうか。

この、ネコ科動物のハンティングのドキュメンタリー番組。テレビには映らないその先には、続きがあります。逃げ切ったように見えるインパラは、その後結局、チーターの餌食《えじき》になっている可能性が非常に高いのです。

ネコ科の肉食動物のツメや歯には、相手を弱らせる効果があります。そのため、その場では逃げ切れても、傷がひどく化膿《かのう》してインパラは弱ってしまうのです。

そこで、ネコ科動物は弱ったインパラを次のチャンスに改めて襲って仕留めるという狩りの仕方をしたりします。ですから、その場では仕留められなくても、引っ掻くことができれば狩りの第一段階としては、「まあいいんじゃない」。完璧でなくても、一度でも手（ツメ）をつければ小さな成功としてＯＫというわけです。

ちなみにネコに引っ掻かれたときに、きちんと手当てをしないといけないのは、この、ツメや歯の性質のためです。「ネコ引っ掻き病」という病気もあるほど化膿しやすく、あとも残りやすいため、気をつけなければなりません。

端から見たら失敗したように見えるチーターも、ツメを引っ掛けることで次の狩りの成功へとつなげています。一見「失敗」に見えることが、実は次の成功の足がかりになる。そんなことをネコたちは教えてくれています。

Nekochishiki 13

「ネコはこたつで丸くなる」は本当？

雪が降ると、ネコはこたつで丸くなる……という歌があるように、もともとジャングルや砂漠で進化してきたネコたちは、寒さがとても苦手です。冬になるとガクッと体調を崩す子も少なくありません。

ネコの体調不良の定番は、風邪。それによって食欲がなくなり、衰弱するケースも多くあります。ですから、冬の寝床は2カ所くらい用意してあげて、ネコが体調に合わせて移動できるようにするといいでしょう。いつもの床の寝床と、あったかい空気が集まる天井の近くの寝床、という具合です。

とくに冬に弱いのは、アビシニアンやシャムなどの短毛種です。ざっくりいえば、体が小さくて毛が短い種が冬に弱いと考えてください。

たとえばホッキョクグマは熱帯で進化したマレーグマの2倍ほどの大きさがあるように、動物は、寒い地方で進化したものが大きく、あたたかい地方で進化したものが小さい傾向があります。これは「ベルクマンの法則」という物理法則で説明されています。

体が小さいほど、体重に対する表面積は広くなります。たとえば同じ質量の粉砂糖と角砂糖。粉砂糖のほうが溶けるのが圧倒的に早いのは、その表面積が大きく水に触れる面が広くなるからです。

同じように、小さい動物のほうが体重あたりの表面積が広くなるため、熱帯で進化した動物は小さい体で皮膚の表面積を広くとり、体から熱を放散する。一方、寒い地域で進化した動物は大きな体で皮膚の表面積を小さくし、体からの熱の放散を防ぐわけです。

　ネコも同じです。「メインクーン」「ノルウェージャンフォレストキャット」など、寒い地域で進化したネコに大型のものが多いのは、熱を体から放散させにくいという特徴があるからなのです。


　日本ネコも、冬にはあまり強くありません。熱帯原産のネコよりは体に脂肪がついているため、なんとかしのげる、といった感じです。ミックスなどで正確な品種がわからなくても、小さい短毛種だった場合は冬に弱いと考えて、あたたかい寝床をつくってあげるといいでしょう。

　冬を快適に過ごすことができれば、長く健康でいられるネコは驚くほど多いのです。

将来は、「今」の積み重ね

ネコは瞬発力勝負

将来のことが不安です。
私はこのままで
いいのでしょうか？

今しなければならないのは、
将来を不安がることではなく、
この瞬間を大切にすることニャ

ニャドラー先生からのコメント

ネコは瞬発力がメインで、持久力は訓練しても身につけることはできません。ですからいつも今が勝負！　だからネコは、決断も実行も速いのです。ネコは「この瞬間」を生きています。

今、この瞬間に全力投球。

学生時代、冬に行なわれる持久走やマラソンの練習がイヤだった、という方も多いと思います。実はこの冬の走り込みには、医学的な効果があります。まだ寒い時期に、しっかりと走り込みをすると、体の中で「ヒートショック・プロテイン」というタンパク質がつくられます。このタンパク質には、暑さなどのストレスから体の細胞を守る働きがあります。そのため、冬の走り込みは、半年後、真夏の暑さから体を守ってくれるのです。アスリートはこのような体のしくみを知っていますから、冬にしっかりと走り込みをしています。

このタンパク質は、ヒトだけでなくイヌにもつくられます。ですから、暑さに弱いイヌの飼い主さんには、冬にしっかりと走らせるようにアドバイスをしています。

このように持久力を生かしたトレーニングができるヒトやイヌと違って、ネコはそのようなことができません。ネコ科動物は太古の昔から、瞬発力を武器として生きてきました。ネコ科動物は、持久力を鍛えることができないからです。

ネコ科で走ることを最も得意とするチーターでも、十数秒走るのが限界。チーターは疾走を始めて2秒後に時速75㎞に達します。このわずか2秒間で呼吸数は毎分60回から150回に、体が生み出す熱量は5倍に増加します。

チーターの体温が40・5℃にまで上がった頃、その時速は100㎞に達するようです。

そう、ネコ科の動物は走れば走るほど体に大きな負担がかかるため、獲物を「追い続ける」ことに、まったく適していないのです。極端にいえば、「飛びかかるだけでいっぱいいっぱい」なのですね。

161ページのチーターの狩りでいえば、「あと少しで追いつけるのにあきらめた」のではなく、それ以上は走ることができないだけ。それはもちろん「根性がある・ない」の問題ではありません。体温の上昇の限界、さらには筋肉の種類の問題です。

ネコ科動物の筋肉の話をする前に、ちょっと寄り道を。ここで少し魚の話をさせてください。魚にはヒラメやタイといった「白身の魚」と、マグロやサンマ、イワシといった「赤身の魚」がいますよね。実はこの2種類は、単に身の色が違うだけでなく、その性質がまったく異なります。

白身の魚は単独で行動し、食物連鎖でいえば他の魚を食べる「上位」に君臨しています。

つまり捕食者、ハンターです。捕食するときの瞬発力が何よりも大切で、それ以外のときは砂の中でのんびりしています。この「白身」の魚のような瞬発力重視の魚が持っている筋肉を「白筋（速筋）」といいます。白い筋肉だから、白身の魚というわけです。

一方「赤身」の魚は、持久力があり、いつも群れで泳ぎ続けています。マグロのように泳ぎ続けていないと呼吸ができずに、死んでしまう種もいます。この「赤身」の魚のような持久力重視の魚は「赤筋（遅筋）」という筋肉でできています。

海の中はこのようにわかりやすく、白身の白筋の魚と、赤身の赤筋の魚に分かれています。オリンピック選手にたとえるなら、白身の魚は100m走の選手、赤身の魚はマラソン選手です。短距離型と長距離型にははっきり分かれているのですね。

さて、この2種類の筋肉を知ったうえで、ネコの体に戻りましょう。

これまでお話ししてきたように、ネコ科の動物は食物連鎖でいえば、上位に存在します。そのうえで大事なのは、獲物を捕らえる際の「瞬発力」。ネコ科動物の筋肉は皆、「白筋」といわれる瞬発系の筋肉でできています。

家でネコと遊んでいても、ちょっと飛びかかったかと思うと、プイッと行ってしまう。その様子を見て「ネコはあきらめが早い」「気まぐれ」などといいますが、これは性格のせいではなく、筋肉の性質のためなのです。長く遊ぶための持久力がそもそもないのですね。

ヒトがネコについて持っている性格のイメージは、このような体のつくりによるところが多いように思えます。ネコ視点でいえば、体のつくりからくる行動をそんなふうに捉えられては、「いい迷惑」といったところでしょう。

また、先ほどお話しした、小さな傷でも化膿しやすいツメの機能（162ページ）は、実はこの持久力のない体を補うために進化したと考えられます。

白筋でできた体をフルに生かして生き残ってきたネコたち。今度一緒に遊ぶときには、あきらめの早さを咎《とが》めるのではなく、その瞬発力を褒めてあげましょう。ネコとの遊びがこれまでよりもずっと楽しくなるはずです。

ちなみに、ヒトの体には、白い筋肉と赤い筋肉の両方があるといわれています。そして、鍛えていくことにより、白い筋肉の能力と赤い筋肉の能力の両方を持ったピンク色の筋肉をつくることができるとわかっています。

正確にいうと筋肉には白筋（速筋タイプⅡa、Ⅱb）と赤筋（遅筋タイプⅠ）があり、Ⅱaは赤筋と似た持久的な機能を持ちます。白筋と赤筋の基本的比率は遺伝的に支配されているのですが、努力（持久トレーニング）をすると白筋Ⅱbを Ⅱaへと転換できます。また、トレーニングによって、それぞれの筋を強く太くすることも可能です。

　このことを考えると、ヒトは脳だけでなく筋肉も学習や努力により変えていけるという特性があるといえるでしょう。それゆえに、「今、この瞬間」を大切にすることよりも、未来へと心がひっぱられてしまうのかもしれません。それがプラスに働けばいいのですが、マイナスの未来の想像にとらわれてばかりいたら、それはもったいないことです。

　未来は「今」、つくられる。不安になったときには、今を生きるネコの生き方を思い出してみましょう。

Nekochishiki 14

ネコ科動物の頂上決戦

「動物界の王」といえば、何を想像しますか？

皆さんの頭に浮かんだのはきっとライオンではないでしょうか？　風になびく金色のたてがみ、どっしりした体、サバンナに響く咆哮《ほうこう》も、飛び抜けて強そうに見えます。「百獣の王」と呼ばれるのも納得です。

とくに、群れを引き連れるオスライオンの凛々しい姿は、リーダーシップの体現者のようであり、強さの象徴ともいえます。

しかし、実はこの「ライオン」、ネコ科動物の中では決して最強ではありません。それどころか、動物の進化の過程で見れば、その序列は家ネコよりも「下」なのです。これはいったい、どういうことでしょうか？

序列❶　ジャングルに住んでいるものが勝者、サバンナに住んでいるものが敗者

舞台はアフリカ。おおよそ4000万年前まで、この地域はジャングルに覆われていました。しかし急激な気候変動によって、大地は次々と草原に変わっていきました。ジャングルには獲物となるたくさんの生物がいましたが、草原ではその数は圧倒的に少なくなります。

自然界は、弱肉強食の世界。より条件のいい土地（安全で、エサが多い場所）はより強い者が勝ち取り、その争いに敗れたものはより過酷な環境へと落ち延びることになります。肉食動物は肉食動物同士、草食動物は草食動物同士、自分が生きる大地を確保するために争っているのです。

そのため、強いものがジャングルに残り、弱いものは草原へと追い出される、という生存競争を強いられ、今の生息域はできあがっています。ということは、今でもジャングルに生息しているトラやヒョウたちのほうが、サバンナにいるライオンよりも、序列は確実に「上」といえるのです。

序列❷ 単独で生きているものが勝者、群れで生きているものが敗者

さらにライオンは、ネコ科の動物の中では珍しく、群れで狩りをします。本来、ライオンの祖先も他のネコ科動物同様、単独で狩りをしていたと考えられますが、草原というひらけた乾燥した土地で狩りを成功させるには、群れをつくる必要があった、そして自身の身の安全も群れによって確保した、ということ。

端的にいえば、ライオンたちは草原で1匹では生きていけなかったので、群れることを選んだと考えられるのです。ということは、「ライオンキング」は、人間のつくり出した夢物語。実際のライオンのイメージのように圧倒的に強いポジションではないわけです。

とはいえ、ライオンの適応能力には驚くべきものがあります。ネコ科動物は単独行動が基本ですが、明確な社会を持つ唯一のネコ科動物として適応しました。この適応能力によって、ライオンは、草原だけでなく、乾燥林、低木林、そして、砂漠でも生息できるのです。

そして、一部の個体はアフリカやアジアの森林に住んでいます。森林にすむライオンは社会を

持たず単独で生活しています。ヒトが本能的にライオンを最強だと捉えるのは、その適応能力に敬意を抱いているのかもしれませんね。

序列❸ 狩りの効率がよいほうが、序列が上

肉食動物の狩りは、大きく2つに分かれます。

1つ目が、草食動物の体のどこかに傷をつけ、弱らせて狩るパターンです。ライオンやトラなどのネコ科動物、あるいはオオカミなどは、この方法で狩りをします。たとえばノドなどに噛み付く。あるいは、草食動物のお尻などに深手を負わせ、体力を奪う。そうやって、草食動物の絶命を待つのです。この方法においては、集団で襲いかかることが大きなメリットになりますが、大型の草食動物を相手にする際には危険が伴いますし、相手に負わせる傷が浅ければ、逃げられてしまうことになります。

このパターンでとくにユニークなのは、イリオモテヤマネコです。ニワトリなどを襲うときにも、やたらと噛み付いたり引っ掻いたりをくり返して、何とか捕獲する、という泥臭いやり方をします。

もう1つが、草食動物の神経を破壊し、獲物の神経を麻痺《まひ》させて絶命させるパターンです。このパターンでは、首元の第二頸椎《だいにけいつい》を狙い、噛み付いた瞬間にそこを歯でパンッと割ってしまいま

す。すると、その中を通っている神経が麻痺して、大型動物でもまったく動けなくなってしまうのです。この、きわめて効率的な狩りを行なうのは、私の知る限りでは、ヒョウなどの一部のネコ科動物だけです。

ネコ科動物が草食動物を襲う際、もしその狩りが本当にあっという間に終わったなら、きっとそれは後者の方法でしょう。「効率的な狩りが単独でできる」という意味において、ヒョウの右に出るものはいません。

ヒョウのこの狩りの能力は、ヒトにとっても他人事ではない、というのは20ページでお話しした通りです。たった1匹がヒトの驚異になり得るのは、今も昔も変わりません。ヒョウは身を隠す能力、相手を襲う能力がずば抜けているため、銃などの道具があっても、ヒトには手の打ちようがありません。

さらには、ヒョウは自分が気に入った動物を徹底的に食べるクセがあるため、ヒトの味が気に入ったヒョウは次々にヒトを襲うことになります。恐ろしいことですね。大半のヒョウは賢く、ヒトに危害を加えずにひっそりと生活しています。そのため絶滅の危機に瀕《ひん》している大型ネコ科動物の中で最後まで生き残る可能性が高いと考えられています。

このように、ネコ科の動物はたった1匹でも驚異になり得ます。イヌには大小様々な種類がいるのに比べ、飼いネコの大きさがほぼ一定なのは、あまり大きくしてしまうと人間には制御できない、という面もありそうです。

「正解」が見つからないと不安

ネコの尊厳と愛情

病気・ケガ・お金の問題……
未来への漠然とした
不安があります。

漠然とした不安との付き合い方には、
正解はないかもニャ

ニャドラー先生からのコメント

「相手が何を大切にしているか」に向き合うことは、正解のない問題を考えるときには、とくに有効です。アドラーがいう「**尊敬**」の考え方（＝相手をありのままに見るということ）を身につけましょう。

大切なのは、
「答えのない問題」と
どう付き合うか。

「飼いネコが、病気になってしまいました！　どうしたらいいでしょうか？」

動物と関わる仕事をしていると、このような相談をいただくことがあります。とくに、難治性の病気（ガンや腎不全など）の場合には、治療をすべきかどうか、悩んでしまうこともあると思います。

治療によって治る可能性があるなら、何でもやってあげたい、という気持ちになるかもしれません。反対に、ネコが治療でかえって苦しい思いをするのなら、しないであげることも愛情、と感じられるかもしれません。

そして何より、治療をしようと思えばお金も時間もかかります。ネコの状態も個々で違えば、家庭の状況も違うもの。一概に「こうしたほうがいい」というアドバイスはできません。でも、多くのネコにとって大事なもの。ヒトにとっては大事でも、ネコにとってはそうでもないもの。それについては、たくさんのネコたちと臨床の場面で接する中で、少しずつわかってきました。

そこでここでは、その「ネコにとっての大事なもの」についてお伝えさせていただくことにしましょう。

多くのネコが大事にしているのは、大まかに、次の2つです。

自分の尊厳

ネコ科動物の尊厳・高貴さは、恐竜の絶滅後、恐鳥類（肉食の巨鳥）を制して地上の覇者として過ごした3000万年の間に培われた、種としての特徴です。

愛情（飼い主からの愛情、飼い主への愛情）

ネコは、「家族」と自分が認めた相手に対しては、非常に深い愛情を注ぎ、また愛を求めます。たとえばウェブの動画で、子どもに襲いかかる大きなイヌを、飼いネコが撃退した、なんていうものを見たことがある方も多いのでは？　それは、ネコの深い愛情がなせるワザ。どのネコにも、深い愛情が宿っているのです。

これらの2つは、自分の命と比べても負けないほど、ネコにとっては大事なもの。ですから、私が飼い主さんから、難治性の病気について冒頭のような相談を受けた場合には、化学療法（抗がん剤などによる治療）や手術よりも、残された時間をなるべく一緒に過ごすことを大事にしたほうがいいのでは、とお伝えしています。大好きな飼い主さんと一緒に過ごせる尊厳ある時間を、守ってあげてほしいと思うのです。

家の外で飼われている場合、ネコは自分の死期を悟って身を隠すといわれています。それほどネコは、自分の死にそうな姿、苦しんでいる姿を、ヒトに見られたがりません。でも、治療となれば、病院で管につながれることになります。朦朧《もうろう》とした状態、ぐったりした姿を飼い主でもないヒトにさらす。これは高貴なネコにとって、何よりつらいことなのではないでしょうか。

あえて「治療しない」という選択をするのは、もしかしたら、飼い主さんにとってはつらいことかもしれません。でも、飼い主さんの自己満足よりも、ネコの生をありのままに見る気持ち、ネコという自分とは違う生物種に対する尊敬の念を持つことができれば、考えは変わるかもしれません。

ネコが最期まで、ネコとしての生を全うするために、「大好きだよ」「ありがとう」という気持ちを伝える時間を持つことを考えてほしいと思うのです。

ところで、ネコにとっての大事な２つのものは、多くのヒトにとっても大事なものといえるのではないかな、と私は考

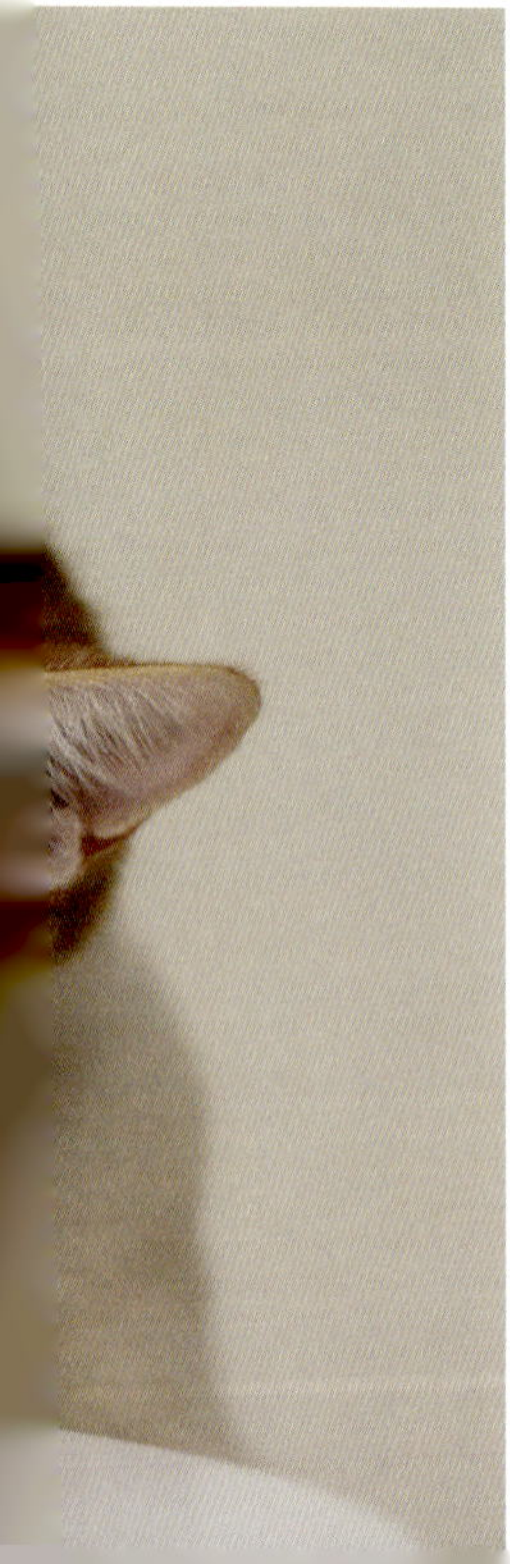

えています。

ヒトとしての尊厳――そのために何が必要かはそれぞれですが、自立心や社会的地位、お金などもここに含まれるかもしれません――と、他人からの愛情、そして他人への愛情です。

本当につらいとき、信頼できるヒトがそばにいれば、あるいは愛するネコがそばにいれば、それだけで少し、心の重荷が軽くなることもあるでしょう。尊厳も大切ですが、今、少しヒトにとって、社会的なもの、経済的なものが、大きくなりすぎてしまっているような気もします。

もう少し、愛情に目を向けてみることも、大事なことなのではないでしょうか。

Nekochishiki 15

ネコの尊厳を守るためのお願い

ネコが病気になってしまったとき、その尊厳を守るには、どうしたらいいのでしょうか。

❶信頼できる獣医さんにかかる

病気になると、飼い主もネコも不安です。そこで、獣医さんは信頼できる人を選びましょう。口コミや人気で見るのではなく、日頃からお付き合いのある、人柄の信用できる獣医さん、ということです。

❷ネコがかかる「難治性の病気」とは？

ネコがかかりやすい「難治性の病気」の代表は、腎不全。これは死因の第1位にもなっている泌尿器系疾患の一つで、治らない病気です。

また、ネコのガンは非常に速く進行します。悪性度が高く、助かる見込みが低い場合が多いため、残念ながら抗がん剤などの治療が効かないパターンが多くあります。ガンと診断されたネコの寿命は、3カ月ほどと、とても短いことを覚悟しておいたほうがいいでしょう。ネコをたくさん飼ったことのある獣医師ほど治療をすすめないことが多いのは、そのためです。

「ガンが見つかったとき、多くの方は、「治療が悪かったのではないか」「あのとき、こうしたらよかったのではないか」と後悔してしまうかもしれません。でも、それよりも大切なことは、最期の時間を大切に過ごすことです。ネコ自身も、自分の死期を感じ取っています。そして、大好きな飼い主さんのことを心配しています。そのネコの寄せる愛情をしっかり受け止めてください。

また、ネコの尊厳がいちばんよく表れるのは「死に際《ぎわ》」です。「ネコは隠れて死ぬ」という話を聞いたことはありませんか？　多くのネコは、本当に、人目につかないところを選んで、ひっそりと死んでいきます。ネコは自分の死に際を悟り、どう死ぬかを決めているのです。

自分で死に場所を選べるわけですから、飼い主の腕の中での死を選ぶこともあります。これは私の友人の話ですが、彼女が小学生の頃、飼っていたネコが突然、彼女の母親に抱っこをせがみました。「しょうがないわねぇ」と母親が抱き上げたところでそのネコは急に亡くなったそうです。その後、彼女は結婚してフクフク、シマオという2匹のオスネコを飼っていましたが、やがてフクフクがガンになってしまいました。いよいよ危ないとなったその日、彼女は用事でどうしても家を出なければなりませんでした。「私のいない間に死んじゃいませんように」と祈るような気持ちで帰宅すると、フクフクは虫の息ながら、まだ生きていました。彼女がそっとフクフクを抱っこしたそのとき、急に電話が鳴りました。彼女が反射的に電話を取ろうとすると、フクフクがその腕にいきなり噛み付いたそうです。フクフクにしてみれば、「待っていたのに電話なんかしないで！」ということだったのだと思います。彼女は大泣きしながら、フクフクの目が色を失うまでずっと抱いていたそうです。このような話は、私のところにたくさん届きます。

ネコは生き方を選ぶだけではなく、死に方も自分で選んでいるのです。

おわりに

ここまで「アドラー心理学や最新の心理学などを、実際の生活に生かして恩恵を得る」ことを目指してきました。難しく考えるよりも、ヒトとは違った長所を持つネコ科動物を見て、触れて、学んでしまったほうが、簡単で効果的な場面は多々あります。とくに、疲れていたり、人間関係などの悩みを心に抱えているときに、効力を発揮する1冊といえるでしょう。

本書では、アドラー心理学とその影響を受けて発展した心理療法なども含めて「ニャドラーの教え」としています。本書をきっかけに心理学に興味を持たれた場合には、アドラー心理学の専門書、アドラー後に成立した心理療法の数々（認知行動療法、エリスの論理療法、バーンの交流分析、マズローの人間性心理学、セリグマンのポジティブ心理学、サティアの家族療法、ブリーフセラピー、ヤングのスキーマ療法など）を見ていただければと思います。

ところで、アドラー心理学において最も重要で、かつ議論となりやすい考えに、「共同体感覚」があります。本書を見て、なかには「そもそも肉食動物で群れをつくらないネコに、そんな感覚があるわけないじゃないか！」と思われた方もいるかもしれません。しかし、私の考えでは、ネコもまた共同体感覚を持っています。わかりやすいところでは、地域のネコたちで開く集会など。地球レベルで考えれば、草食動物から緑（森林や草原など）を守ると

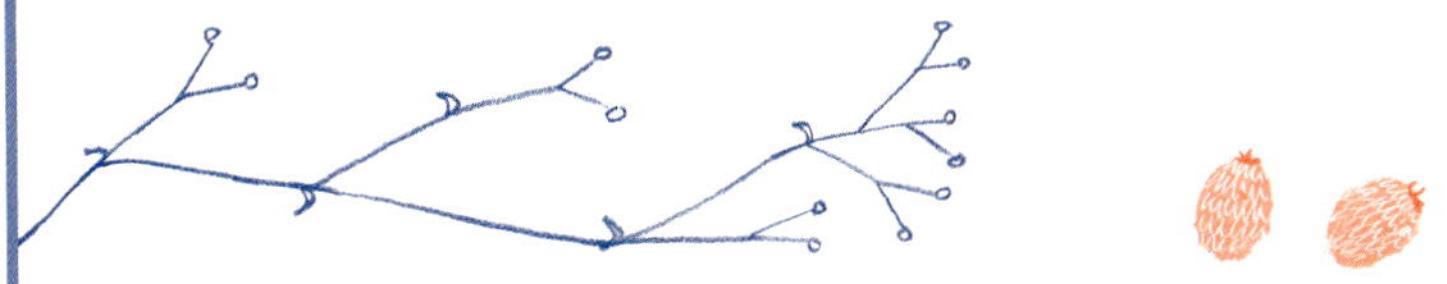

いう重要な役割を持つ「地球生態系」という共同体の一員です。心理学とは関係なさそうな生態系の話ではありますが、この話を通して、心理学における共同体感覚が空想ではないこと、現実的で科学的に語りうることが、感じられるのではないでしょうか。

ヒトは今、地球レベルでの共同体感覚を実現していける、そういう選択ができる立場にいます。地球生態系を含んだ社会、さらには個人としての永続的な健全な幸せを目指すことによって、よりよい生態系＝共同体感覚を育て、長期の繁栄の維持につながっていくでしょう。

なおこの書籍は、愛猫家であり、ペットの保護問題にも造詣の深い黒坂真由子さんとの4年前のインタビューに始まります。そして、ベールに包まれたネコの生態とアドラー心理学の共通性をまとめるという勇気ある提案と編集を貫徹いただいた文響社の宮本沙織さんの存在がなければこの本が世に出ることはありませんでした。その意味でこの本は2人が作り上げられたものです。そして、百聞は一見にしかず。ネコとアドラーの相似性がひと目でわかるのは、本書にふんだんに登場する3匹のネコ――そらちゃん、アメリちゃん、カヌレちゃんのおかげです。そして、この子たちのママRiepoyonnさんに感謝申し上げます。

幸いにして、私たちの周りには、今も生きたアドラー（ニャドラー）がいます。生きる勇気やヒントがほしいとき、その瞳を覗き込めば、きっとあなたを支えてくれることでしょう。

ネコ・インデックス

＊複数のページにまたがる項目は、その本文の始まるページを記載しています

ネコとヒトとの関係形成

性格

能力

飼い方

ご飯

体

病気

習性

進化と絶滅

獣医・ペットショップとの付き合い方

Profile

宿南 章 しゅくなみ・あきら

獣医師。1969年 兵庫県生まれ。日本大学農獣医学部（現生物資源科学部）獣医学科卒業。進化生物学と心理学の関連性に気づき、アドラー、ユング、フロイトなど心理学関連専門書1000冊以上を精読し、研究。1992年、アドラー心理学会認定カウンセラー。

横浜で犬猫の動物病院に勤務後、米国のCAM（Complementary and Alternative Medicine）を日本に導入した研究所に所属。抗生物質も効かない牛の病気を治癒させるなど高い治療実績を持つ。一方で、多くのアスリートやプロスポーツ選手への指導を行ない、そのアドラー心理学と進化生物学的な食事などを合わせたメソッドは、オリンピックでの銀メダル獲得に貢献した。現在は海外と日本を行き来しながら進化生物学に基づくペットにとっての健康な食事の研究・開発を行なっている。人生の目標は生態系の健全化。

アシナガバチを巣ごと箱に入れて家で飼っていたことがあり、今までに飼育した動物は保護フクロウから秋田犬など2000匹以上に及ぶ。ネコは保護した子を含め20匹以上。

英国The Royal Society for the Protection of Birds会員。日本盲導犬協会会員、野生動物救護獣医師協会正会員。

たむらりえ Riepoyonn

神奈川県在住の愛猫家。天国にいる最愛のネコ・みかんとの出会いをきっかけにinstagramを始め、世界中で人気を集める（フォロワーは約20万人）。現在は、保護猫3兄妹のそらと双子のアメリ・カヌレを家族に迎え、3匹の毎日を、愛を込めて撮り続けている。

国内で人気の写真・物販展「ねこ休み展」に出展。

@Riepoyonn
@SoraAmeCane
Ameba blog https://ameblo.jp/amecanesora/

そら

男の子。4歳。保護猫。優しくて穏やかなお兄ちゃんネコ。特技はでんぐり返し。

アメリ

女の子。1歳。保護猫。カヌレと双子。おしとやかで空気が読める。特技はハイジャンプ。

カヌレ

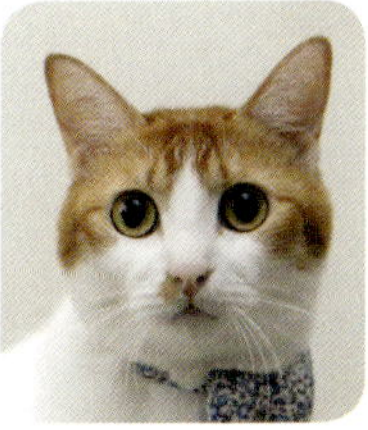

男の子。1歳。保護猫。超がつくほどの甘えん坊。マイペース。特技はみんなをペロペロすること。

ニャンと簡単に身につく！

心が休まる「アドラー心理学」

2019年2月26日 第1刷発行

著者 宿南 章

編集協力 黒坂真由子

写真 Riepoyonn

イラスト モリナオミ

デザイン 中村 妙（文京図案室）

編集 宮本沙織

校正 株式会社文字工房燦光

発行者 山本周嗣

発行所 株式会社文響社

〒105-0001

東京都港区虎ノ門2丁目2-5 共同通信会館9階

ホームページ https://bunkyosha.com

お問い合わせ info@bunkyosha.com

印刷 三松堂株式会社

製本 本間製本株式会社

ISBN 978-4-86651-114-6 Printed in Japan
この本に関するご意見・ご感想をお寄せいただく場合は、郵送またはメール（info@bunkyosha.com）にてお送りください。